本书系国家自然科学基金青年项目（项目批准号：71903105）、山东省自然科学基金资助项目（项目批准号：ZR2018BG009）的阶段性成果

徐保昌　著

贸易自由化与
企业成本加成

Trade Liberalization and Firms' Markup

经济管理出版社
ECONOMY & MANAGEMENT PUBLISHING HOUSE

图书在版编目（CIP）数据

贸易自由化与企业成本加成/徐保昌著．—北京：经济管理出版社，2022.11
ISBN 978-7-5096-8837-3

Ⅰ.①贸⋯　Ⅱ.①徐⋯　Ⅲ.①自由贸易（中国）—影响—企业管理—成本管理—研究—中国　Ⅳ.①F72②F279.23

中国版本图书馆 CIP 数据核字（2022）第 241106 号

组稿编辑：申桂萍
责任编辑：赵天宇
责任印制：黄章平
责任校对：陈　颖

出版发行：经济管理出版社
　　　　（北京市海淀区北蜂窝 8 号中雅大厦 A 座 11 层　100038）
网　　　址：www.E-mp.com.cn
电　　　话：(010) 51915602
印　　　刷：唐山玺诚印务有限公司
经　　　销：新华书店
开　　　本：720mm×1000mm/16
印　　　张：11.75
字　　　数：167 千字
版　　　次：2022 年 11 月第 1 版　　2022 年 11 月第 1 次印刷
书　　　号：ISBN 978-7-5096-8837-3
定　　　价：58.00 元

前　言

随着中国嵌入世界经济的程度逐步提高以及中国加入世界贸易组织（WTO）等贸易自由化事件的发生，中国本土市场的贸易自由化程度也随之提高。贸易自由化为本土企业带来发展机遇的同时，也可能对本土企业成本加成构成冲击。究其原因，贸易自由化在有效提高要素市场资源优化配置效率的同时，也可能导致外部企业迅速进入本国市场，进而导致本地企业所面临的市场竞争加剧，而这些因素将可能导致本土企业成本加成的降低。那么，贸易自由化对本土企业成本加成提升来说是阻力还是助力呢？

本书从梳理和归纳贸易自由化与企业成本加成等关键指标的测算方法为出发点，在采用微观数据精确测算中国制造业企业成本加成和贸易自由化程度的基础上，尝试分别从理论分析和实证检验的视角系统研究中国贸易自由化对企业成本加成的影响，以期为未来中国贸易自由化政策的制定和企业成本加成提升路径的选择提供一些有益的启示。在研究过程中，本书主要得到了典型事实特征和计量研究两个方面的结论：典型事实特征主要包括中国制造业企业成本加成和贸易自由化程度的演变趋势；计量研究结论则主要包括关税减让对中国制造业企业成本加成的影响、贸易自由化制度演化对制造业企业成本加成的影响两个方面。

典型事实特征表明，一方面，中国制造业企业成本加成总体呈现波动式上升的演变趋势，不同分类标准下的子样本中，中国制造业企业成本加成差异显著。第一，虽然本书中国制造业企业成本加成的总体趋势呈现一个逐步上升的状态，但是，受外界冲击影响，在部分年份中国制造业企业成本加成仍然存在降低的波动。具体来说，1999~2000年中国制造业企业成本加成逐渐上升，以2001年底中国加入WTO为界限，2002年中国制造业企业成本加成显著降低，自2003年开始，中国制造业企业成本加成逐渐提升，2004年以后，中国制造业企业成本加成的波动较小，且均维持在一个较高的水平。总结发现，中国制造业企业成本加成总体上呈现一个逐年上升的演变趋势，但也存在部分年份的下行波动。第二，具体不同分类标准下分样本中企业成本加成存在显著的特征差异。在不同二分位制造业行业中，不同行业类型企业的成本加成均值存在较大差异，其中，农副食品加工业、纺织业、石油加工、炼焦及核燃料加工业等行业的企业成本加成处于较高的水平。不同所有制特征企业的成本加成也存在显著差异，1999~2002年这一阶段，港澳台企业与外资企业的成本加成显著高于国有企业与民营企业，随着中国加入WTO，这一差距在逐渐缩小，2004年国有企业与民营企业的成本加成已经超越了外资企业与港澳台企业。本土企业的竞争能力在不断提升，2005年开始，各所有制企业成本加成呈逐渐收敛趋势，在2005年中期甚至已经趋于一致。此外，不同区域的制造业企业成本加成方面也存在显著差别，具体来说，东部地区制造业企业成本加成最高，并且样本期间东部地区一直保持企业成本加成的这一优势，相对应地，中部地区与西部地区制造业的企业成本加成则相对较低。

另一方面，中国贸易自由化程度总体上呈上升趋势，具体来看中国贸易自由化程度的提升幅度呈现一个"先小后大再小"的特征。具体样本期间中国进口产品关税均值的演变路径方面，自样本期1999年中国加入WTO之前开始，中国制造业进口的关税均值逐年下降，直至2005年样本期结束，中国制造业进口关税已经下降到一个较低的水平，中国的贸易自由化程度随之大幅度提升。分析其中演变细节，容易发现，1999~2000 年中国进口关税水平基本保持一个小幅度降低的趋势，而到 2001 年，为了与中国加入 WTO 的双边谈判相配合，这一期间中国进口关税水平下降较为剧烈，而随着中国于 2001 年 11 月正式加入 WTO，为了积极履行中国加入 WTO 的减税承诺，2002 年中国关税水平急剧下降。然而，中国的关税减让额度并非仅通过 2002 年一年完成，因为逐步履行中国加入 WTO 的减税承诺等缘故，2003~2005 年中国进口关税呈现出一个逐步降低的趋势，但相对于 2002 年，这一降低幅度已经逐渐趋于缓和。由于进口关税与贸易自由化程度的负相关关系，容易得出，中国贸易自由化程度总体呈上升趋势，具体中国贸易自由化程度的提升幅度呈现一个"先小后大再小"的特征。

计量研究结论方面，关税减让显著降低了中国制造业企业成本加成。本书在厘清关税减让影响中国制造业企业成本加成内在机理的基础上，从总体样本、行业样本、地区样本、所有制样本及不同企业规模等多个层面实证检验了关税减让对企业成本加成的影响，计量检验过程中，本书进一步考虑了可能存在的内生性问题对本书研究结论的影响，并采用工具变量法对这一问题进行了有效处理，一系列计量研究结果均表明，贸易自由化有效降低了企业成本加成，并且这一结论十分稳健。梳理其中的经济学逻辑发现，关税减让导致外部企业进入本国市场时所面临的阻碍减少，增加了进入本国市场的外部企业数量，同时，关税减让还将导致外部企业进入本国市场的冰山成本降低，使此类企业具有更好的成本优势，通过上述两个途径贸易自由化增强了外部进入企业的竞争力，增加了本地企业所面临的竞争强度，本地企业也因此将被迫降低企业成本加成来面对来自外部企业的激烈竞争，从而导致本地企业成本加成的降低。据此，可以发现，中国政府的进口关税减让这一关税贸易政策，将导致中国的实际贸易自由化程度进一步提高，进而导致中国制造业企业成本加成显著降低。

另外，贸易自由化制度演化显著降低了中国制造业企业成本加成。一方面，贸易自由化事件对制造业企业成本加成具有显著的降低效应。本书以中国成功加入 WTO 这一准自然实验（Quasi-experiment）为研究契机，以中国制造业企业数据为研究样本，采用了两种设定方式的倍差法计量策略来有效控制计量分析过程中可能存在的内生性偏误，计量检验了中国加入 WTO 这一准自然事件对中国制造业企业成本加成的影响，研究结果表明，中国加入 WTO 显著降低了中国制造业企业成本加成，贸易自由化事件对制造业企业成本加成具有显著的降低效应。另一方面，政府补贴显著提升了企业成本加成。梳理政府补贴影响企业成本加成的内在作用机理，可以发现，政府补贴收入通过降低企业成本显著提升了企业成本加成。据此得出结论，贸易自由化制度演变显著降低了中国制造业企业成本加成。

目　录

第一章 绪论

第一节 问题的提出

贸易自由化是促进中国经济与全球经济相融合的基础，也是当今世界经济的典型特征之一。为了更好地全面融入世界经济，以1978年中国的改革开放为起点，中国的贸易自由化程度持续提高，尤其2001年底中国正式加入WTO后，中国进口产品的关税水平不断降低，贸易自由化程度也得以大幅提高。特别地，以中国加入WTO为分界线，在中国加入WTO之前中国进口关税降幅普遍处于低位，以2000年为例，这一年度中国的进口关税的降低幅度约为1.51%，值得注意的是，虽然此时中国进口关税的降幅相对较小，但是中国进口关税依然处在一个稳定下降的模式。进入2001年，中国加入WTO双边谈判正在进行，中国的进口产品关税均开始出现较大幅度的降低，而中国成功加入WTO也有可能在较大程度上得益于2001年这次进口关税减免方面的直接表态。随着中国于2001年底正式加入WTO，为了有效地履行加入WTO减税协议，2002 年中国进口产品的关税均值有着一个大幅下降，具体关税均值降幅约为 22.49%。2002 年以后，中国进口关税的减让持续进行，并且直至 2005 年中国进口关税一直保持一个平稳下降的趋势，出现这一特征的主要原因在于随着加入 WTO 减税协议的逐步履行，中国进口关税的减让空间已然较小，中国进口关税的减让幅度也逐渐趋于缓和。现阶段，随着中国与贸易伙伴及相应贸易组织所签署的一系列贸易协定的进一步实施，未来中国参与世界经济一体化的程度仍将进一步提高，可以预言，未来中国贸易自由化逐步提升的趋势已经不可阻挡。

与此同时，当前中国学术界与实业界普遍认为中国制造业已经具备相当的竞争力，这一观点更为直接的支持是中国出口产品的市场占有率已经达到一个很高的水平，现有事实也对这一观点给予有效支撑，图 1-1 显示了韩国贸易协会对 2012 年位居出口产品市场占有率第一国家的排名，中国以 1485 种产品位居全球第一，数量是位居全球第二位的德国一倍还多。[①] 但是，我们也应该注意到，市场占有率这一指标有着其体系自身的显著缺陷，可以发现，市场占有率这一指标未能有效剔除产业链上游的其他国家对产品市场占有率的贡献，因而，盲目采用这一指标对产业竞争力进行衡量将很可能高估本国出口产品的实际市场占有率。市场占有率这一指标自身的缺陷限制了其对企业真实竞争力的有效反映。相对应地，企业成本加成常常被学者用来衡量企业的市场势力、贸易利得（钱学锋和范冬梅，2015），相较于市场占有率，企业成本加成可以更有效地反映企业市场话语权的形成。

在中国制造业企业成本加成的实际情景中，虽然由于中国制造业行业中存在大量的代工企业、亏损企业，甚至是"僵尸企业"等利润不理想的企业，并且这些企业的成本加成普遍处于较低水平，但是，总体上来说，中国制造业

---

① 数据来源：http://www.chinabgao.com/stat/stats/40851.html。

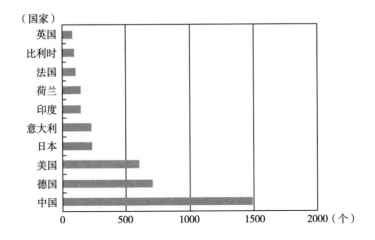

图1-1　2012年全球出口产品数量市场占有率第一的前十位的国家

资料来源：韩国贸易协会国际贸易研究院。

企业成本加成均值已然呈现逐步上升的演变趋势。以中国加入WTO为分界，在中国加入WTO之前，即1999～2000年中国制造业企业成本加成逐渐上升，而在2001年底中国成功加入WTO之后，2002年中国制造业企业成本加成显著降低，这说明加入WTO后中国制造业企业成本加成受到了一定程度的冲击，中国加入WTO对国内市场来说存在一定的促进竞争效应。2003年开始，中国制造业企业成本加成逐渐提升，随着企业成本加成的持续提升，2004年以后，中国制造业企业成本加成达到了一定程度，经济和社会环境均十分稳定，企业成本加成也保持在一个较高的水平，因此，2004～2007年中国制造业企业成本加成的波动较小，且均维持在一个较高的平均水平上。不可否认，虽然实业界和学术界的大量事实特征和研究结果均表明中国制造业企业的竞争力已经具有相当的水平，但同样不可否认的是，在中国制造业企业定价的话语权缺失的情景下，中国企业市场势力和竞争能力缺失的现状亟须进一步的改善。

随着中国嵌入全球经济一体化程度的逐步提高，厘清中国的贸易自由化对中国制造业企业成本加成的影响已然极为必要，这关系到中国未来贸易自由化战略政策的演变趋势及中国制造业国际竞争力的进一步培养。可以预期，贸易自由化对中国制造业企业造成的影响也势必将成为学术界未来研究的一个热点。那么，中国的关税减让具体如何影响中国制造业企业成本加成呢？以中国加入 WTO 和政府补贴为典型的贸易自由化制度演化如何影响中国制造业企业成本加成呢？而且，贸易自由化影响企业成本加成的内在作用机理和经济学逻辑又是什么呢？

在中国参与世界经济一体化程度逐步提高的大背景下，从理论分析和计量检验的角度系统研究中国的贸易自由化对中国制造业企业成本加成的影响兼顾了良好的实践意义和学术价值。贸易自由化程度的提高对中国制造业企业成本加成的影响这一问题的系统研究，将有效地探讨关税减让政策以及以中国加入 WTO 和政府补贴为代表的贸易自由化制度演化对中国制造业企业成本加成的影响，这些研究不仅可以有效地丰富和完善贸易自由化与企业成本加成这一领域的研究，还可以为实践中国贸易自由化政策的走向及未来中国制造业企业的发展走势提供一些有益的启示。

第二节　研究目标与结构安排

一、研究目标

本书立足中国参与世界经济一体化程度逐步提高与中国制造业企业竞争力亟须提升的现实背景，尝试在有效测算中国制造业企业成本加成和中国贸易自由化程度指标的基础上，准确刻画中国制造业企业成本加成的典型特征和中国贸易自由化程度的演变趋势，并且在借助一个理论框架系统分析贸易自由化对企业成本加成的影响。进一步地，本书采用设计严格的计量模型实证检验贸易自由化对企业成本加成的影响，通过工具变量法、倍差法等多种切实有效的实证方法确保计量结果的稳健性，以期在丰富和完善贸易自由化与企业成本加成这一领域研究的同时，为中国贸易自由化政策的演变趋势及未来中国制造业企业的发展走势提供一些有益的启示。

二、基本思路和技术路线

图1-2显示了本书技术路线，可以发现，本书研究过程呈现了一个层层递进的研究脉络，即文献梳理→理论分析→典型事实→计量检验→结论与政策建议这样一个框架体系：①文献梳理，系统梳理本书研究相关的文献，界定相关概念，在此基础上确定关键指标的测算方法，进一步确定本书研究方向；②理论分析，详细分析贸易自由化影响企业成本加成的理论机制和经济学逻辑；③典型事实，多个维度系统描述中国制造业企业成本加成的演化趋势；④计量检验，基于企业层面数据分别研究贸易自由化以及贸易自由化制度演化对企业成本加成的影响；⑤结论与政策建议，系统归纳研究结论，提出相应的政策建议，并进一步展望未来研究走向。

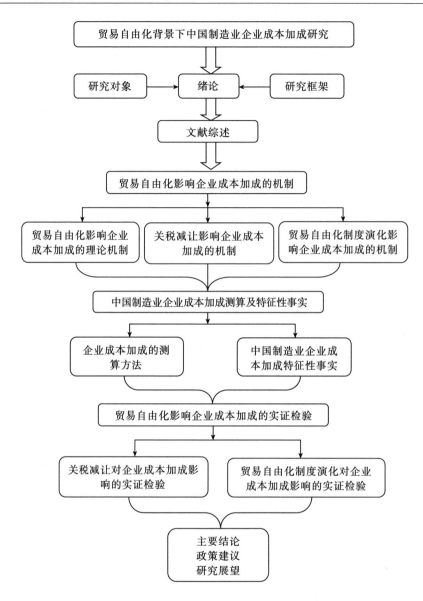

图1-2　本书技术路线

第三节 主要内容与可能创新

一、主要内容

基于上述技术路线和研究设计，本书主要研究内容可以简要地概括为以下几部分：

第一章，绪论。这一章系统显示了本书的具体研究背景与选题意义，并且具体呈现了本书主要内容与结构安排，同时，就本书拟解决关键问题与可能创新进行了阐述。

第二章，文献综述。首先对贸易自由化、企业成本加成等主要概念进行了精确界定，在此基础上，对这些指标的测算和构建方法分别进行了梳理和总结，进而归纳出本书所采用的权威方法。进一步地，从贸易自由化对企业成本加成影响的一般视角以及贸易自由化与企业成本加成的事件冲击视角对现有文献中的研究进行归纳。

第三章，贸易自由化影响企业成本加成的机制。本章在一个古诺竞争模型的框架内，将贸易自由化因素纳入这一模型，尝试全面厘清贸易自由化对企业成本加成构成的影响，并据此得到了本书的研究假设，在上述工作的基础上，就本书研究假设所具有的经济学逻辑进行了更为直接和详细的阐述。更进一步地，本书从关税减让及贸易自由化制度演化的视角对贸易自由化对企业成本加成的影响的机理分别进行了阐述，从而为后续实证检验提供一个好的理论机制和检验方向。

第四章，中国制造业企业成本加成测算及特征性事实。在对企业成本加成测算方法进行详细阐述的基础上，进一步采用中国工业企业数据中制造业企业数据作为研究样本精确测算了中国制造业企业成本加成，并从总体样本、分行业样本、分地区样本、分所有制样本等多个层次分别解析各研究子样本中中国制造业企业成本加成的典型特征，以求进一步描绘中国制造业企业成本加成的特征事实。

第五章，关税减让对企业成本加成的影响。以 1999~2005 年中国制造业企业为研究样本，在考虑中国制造业企业成本加成典型特征的基础上，从总体样本、行业样本、地区样本、所有制样本、不同企业规模等多个层面实证检验关税减让对企业成本加成的影响，以期有效分析关税减让对中国制造业企业成本加成的影响。具体实证检验过程中，在上述样本分类检验的基础上，进一步考虑了可能存在的内生性问题对研究结论的影响，并采用工具变量法对这一问题进行了有效处理，一系列实证研究结果表明，贸易自由化有效降低了企业成本加成，并且这一结论在各分样本、工具变量检验中均十分稳健，这一研究结论为未来中国政府相关政策的制定提供了有益的启示。

第六章，贸易自由化制度演化对企业成本加成的影响。本章分别从中国加入 WTO 及政府补贴两个视角实证检验了贸易自由化制度演化对中国制造业企业成本加成造成的影响，从而在对前文研究假定和实证结论进行验证的同时，为贸易自由化对中国制造业企业成本加成的影响这一研究提供一个全新的视角。

第七章，主要结论、政策建议与研究展望。本章基于前面各章节的研究，对全书的具体研究结论进行了总结和归纳，在此基础上，就本书研究结论对中国未来贸易自由化程度的进一步提高提出了政策建议。最后，就未来研究中需要继续进行探索和解答的问题进行了进一步展望。

二、可能的创新之处

本书立足中国的贸易自由化程度提高和中国制造业企业成本加成提升的现实背景，采用理论分析与实证检验相结合、以实证检验为主的研究方法，尝试系统研究中国的贸易自由化对企业成本加成构成的影响。本书可能的创新之处可以归纳为以下几个方面：

（1）以古诺竞争模型为研究框架，将贸易自由化因素纳入模型内部，从企业视角研究贸易自由化对企业成本加成的影响，指出了贸易自由化对企业成本加成的影响机理，模型的构建角度具有一定的新意。梳理已有文献可以发现，目前从理论上研究贸易自由化对企业成本加成影响的文献依然较少。本书构建的贸易自由化影响企业成本加成的理论模型，在一个古诺竞争模型的框架内，将贸易自由化因素纳入这一模型，分析了贸易自由化对企业成本加成构成的影响，研究结论证明贸易自由化促使企业成本加成的降低，对未来中国政府的政策走向提供了有益的启示。

（2）通过采用微观企业数据为研究样本进行统计分析和实证检验，解释了贸易自由化影响企业成本加成的微观特征，梳理现有文献可以发现，目前有关这一问题的研究仍然不够，本书为这一领域的研究提供一些启示，与此同时，相较于宏观数据，微观数据对本书研究主题的研究更具有借鉴意义，且研究结果更具可靠性。

（3）从中国加入WTO这一突变视角和政府补贴这一逐步演化视角分别对贸易自由化的制度演化进行度量，较为全面地实证检验了贸易自由化制度演化对企业成本加成的影响，确保了本书研究的系统性，较好地突破以往研究的范式，更为直观和全面地揭示贸易自由化影响企业成本加成的作用机理。

第二章　文献综述

第一节　主要概念界定与定量方法

本章首先厘清本书研究主题贸易自由化对企业成本加成影响的前提是对相关概念予以正确的界定和划分，这部分工作可以为本书进一步研究计量模型的设定与样本数据的获取奠定理论基础。其次，本章在对企业成本加成、贸易自由化等本书研究核心的相关概念进行了正确界定和阐述的基础上，对相关指标的测算和构建方法分别进行了梳理和总结。

一、企业成本加成

企业成本加成，一般是指一个企业在其产品的定价和销售的过程中，通过在单位产品成本的基础上增加一定比例的利润作为加成，从而构成该产品的价格，这一方法也是实践中最为广泛和普遍使用的加成定价法。而在学术界，企业成本加成通常被学者定义为企业产品价格对其边际成本的偏离程度，在直接表述中，研究者普遍采用企业产品价格与其边际成本的比值对其表示，多被学者用来衡量企业的市场势力、贸易利得（钱学锋和范冬梅，2015），显然，企业成本加成也是反映企业市场话语权的关键指标。

在传统的完全竞争市场情景下，企业按照利润最大化原则进行生产，企业被认定为按照产品的边际成本定价，因此，完全竞争市场中企业成本加成固定为常数 1。然而，毋庸置疑的是，在实际情景中完全竞争市场显然是非常态，不完全竞争市场才是常态。一般情形下，不完全竞争市场中，企业成本加成的数值通常大于 1，且随着企业成本加成的提高，企业所获得垄断利润也随之提升（Konings 等，2005）。由于企业成本加成能够很好地反映企业市场势力和贸易利得，因而，是否能够有效界定这一指标对于国际贸易理论以及产业组织理论的发展都具有重要意义。

事实上，企业边际成本的不可观测性使企业成本加成不能被直接观察到（钱学锋和范冬梅，2015），也正基于此，企业成本加成的测算往往存在较大的难度，但是，这些客观困难并没有阻碍研究者进行不断的探索和尝试。梳理现有文献，可以发现，黄枫和吴纯杰（2013）较早地对企业成本加成的测算方法进行了总结，通过对现有文献进行梳理和归纳，黄枫和吴纯杰将企业成本加成的测算方法划分为财务数据法、需求法和生产法三种方法。无独有偶，钱学锋和范冬梅（2015）也对企业成本加成的测算方法进行了总结，与黄枫和吴纯杰（2013）对企业成本加成测试方法的划分不同，他们通过梳理归纳现有文献将企业成本加成的测算方法划分为会计法和生产函数法两种方法。通过对上述研究中企业成本加成的划分方法与划分依据进行对比分析可以发现，虽然上述两例研究得到的划分方法并不相同，而且上述两种方法也均有缺陷，但是两种划分方式均有一定的实际意义。经过系统分析，本书将黄枫和吴纯杰（2013）的企业成本加成划分方法进行了归纳，具体来说，将黄枫和吴纯杰（2013）企业成本加成划分中的需求法和生产法归纳为生产函数法，当然，这一工作与钱学锋和范冬梅（2015）所做的工作也是相一致的。因而，在接下来的企业成本加成测算方法的划分和阐述过程中，本书将采用与钱学锋和范冬梅（2015）基本一致的企业成本加成分类方法，将现有文献中企业成本加成的测算方法通过系统归纳划分为会计法和生产函数法两个类别，分别进行说明。

（一）会计法

Domowitz 等（1986）在研究企业经济周期和行业成本加成的过程中，较为创新地采用了会计法对行业的成本加成进行了测算，这也是已有文献中较早采用会计法来对成本加成进行测算的研究。在成本加成的具体测算过程中，Domowitz 等（1986）分别采用了企业的工业增加值、工资成本支出和中间投入成本作为其使用的主要测算指标。更进一步，企业成本加成的具体估算过程中，他们将企业的产品价格与其边际成本的关系表述为式（2-1）：

$$\left(\frac{p-c}{p}\right)_{it} = 1 - \frac{1}{markup_{it}} = \left(\frac{va-pr}{va+ncm}\right)_{it} \tag{2-1}$$

其中，$markup_{it}$ 表示企业 i 在时间 t 的成本加成，p 为企业的产品价格，c 为产品的边际成本，va 为企业工业增加值，pr 为企业工资成本支出，ncm 为中间投入成本。

会计法测算企业成本加成的优势在于，一方面，这一方法可以很好地体现企业成本加成的行业差异（Siotis，2003）；另一方面，会计法测算企业成本加成这一方法使用起来较为简便，研究者可以方便地采用中国行业数据及中国工业企业数据库中指标对企业成本加成直接进行测算，而且，由于中国工业企业数据具有时序较短等特点，采用会计法测算企业成本加成可以确保测算结果不易受经济周期以及外在冲击的影响（盛丹和王永进，2012）。基于会计法所具有的上述优点，部分国内学者在研究过程中采用了这一测算方法对企业成本加成进行了测算和探讨（盛丹和王永进，2012；钱学锋等，2015）。然而，会计法并非完美，研究者发现这一方法存在一定的缺陷，例如，一般来说，企业固定成本的计算方法并不唯一，而这一情形可能导致不同企业利润与企业成本加成之间缺乏稳定的经济意义上的时序关系，此外，会计法测算的企业成本加成数据忽略了经济周期等因素对其造成的影响，无法较好地反映各变量间内在联系，因而，最终研究结论可能具有片面性（Bresnahan，1987；钱学锋和范冬梅，2015；钱学锋等，2015）。

（二）生产函数法

企业成本加成生产函数测算方法的发展是一个企业成本加成测算层次微观化的过程，梳理这一指标测算方法的发展路径，一般认为，Hall 等（1986）最早发展了这一测算方法，他们在利用索洛余值性质的基础上，采用行业层面数据，测算了不完全竞争市场情形下不同行业的成本加成。紧接着，Domowitz 等（1988）对 Hall 等（1986）的研究框架进行了进一步拓展，通过在企业成本加成的测算过程中加入中间产品成本，他们将这一测算方法应用到了四分位数行业中，而在此之前，已有研究大多只能采用二分位行业层面的数据对企业成本加成进行测算，因而，可以认为，Domowitz 等（1988）的研究使企业成本加成的测算层面进一步走向了微观。

虽然在传统模型的设定中，研究者都假定不同生产者的企业成本加成是一个恒定的数值，但是，在企业层面中显然这一情形是错误的。因此，如何在微观企业层面测算企业成本加成显得尤为重要。已有学者对这一问题进行了探索，Roeger（1995）在企业成本加成测算方法的微观化上更进一步，他巧妙地利用了原始索洛残差与对偶索洛残差的关系，发展出一种方法来测量企业层面的成本加成，他的这一贡献也使企业成本加成的微观化达到了一定的高度。此后，企业成本加成测算方法的发展更多是基于不同假设条件的放松，对已存在的企业成本加成测算中进行了改进和完善。

企业成本加成测算在后续的改进研究中，较具有代表性的是 De Loecker 和

Warzynski（2012）的研究，具体来说，De Loecker 和 Warzynski（2012）在 Roeger（1995）企业层面研究的基础上，创新性地采用了 Olley 和 Pakes（1996）控制相关代理变量的方法，在充分考虑企业生产技术、消费者需求以及市场结构的基础上，构建了一个高度灵活的经验分析框架，并使用这一框架从理论和实践上均提高了企业成本加成的测算效率。这一测算方法的优点在于，其可以较为有效地解决难以观测的企业生产要素的投入差异对企业成本加成的影响。这一方法因所具有的上述优点而得到了广泛认可和应用。

在中国国内方面，也已经有部分学者采用了生产函数法的这一企业成本加成测算方法对中国国内企业的成本加成进行了测算，并获得了学术界的认可，具体来说，黄枫和吴纯杰（2013）对中国化学药品制造业的研究、任曙明和张静（2013）对中国装备制造业的研究、祝树金和张鹏辉（2015）对中国制造业企业中出口企业的研究及李胜旗和佟家栋（2016）对中国制造业出口企业成本加成的研究中采用了生产函数法对企业成本加成进行测算，均对相关研究主题进行了有效的研究。可以发现，相较于会计法，生产函数法的测算效率更高也更为学术界所认可，同时，理论上这一方法也相对更为完备，虽然这一方法也同时存在符合测算标准的数据可获得性较差等问题，但是就目前来看，中国国内已有的部分数据可以很好地满足生产函数法的数据要求。

基于生产函数法测算企业成本加成的上述优点，本书后续计量分析过程中，将采用生产函数法中较为完备的由 De Loecker 和 Warzynski（2012）提出的企业成本加成测算方法对中国制造业企业成本加成进行测算，从而有效地保证了本书研究过程中所使用关键指标的可靠性与稳定性。

二、贸易自由化

贸易自由化作为当今世界经济的典型特征和重要的发展趋势，其一般指一国在商品和服务的进口过程中所采取的限制逐步减少，同时，为进口商品和服务提供贸易优惠待遇的过程，并且主张以市场为经济主导。

贸易自由化最为典型和直接的特征是进口关税减免以及非关税壁垒削减。改革开放以来，随着中国贸易自由化程度不断提升，特别是 2001 年中国加入WTO 后，中国进口关税强度以及非关税壁垒强度大幅降低，中国的贸易自由化程度达到一个新的高度。也正基于此方面的考虑，众多研究者在贸易自由化指标的构建过程中更多地选择了采用进口关税减免等指标对一个国家的贸易自由化程度进行衡量。

在贸易自由化量化的具体过程中，与企业成本加成的指标构建相类似，贸易自由化这一指标因其自身特征，其同样存在一定的不可观测性，因此，对贸易自由化进行精确的指标量化也存在较大难度，多数情况下研究者也只能依靠替代变量对其进行衡量。虽然贸易自由化的测算难度较大，但十分幸运的是，已有部分国内外学者对其测算方法展开了探讨，并且尝试构建了一些指标对其进行测度。梳理贸易自由化指标的量化方式，基本类别可以划分为替代指标法与准自然实验法两个方向。

（一）替代指标方法

贸易自由化替代指标的构建过程中，有较多的学者进行了尝试和探索，然而，受研究数据可获得性、数据质量等客观原因的限制，已有的测算方法各有利弊。接下来，本书通过对已有文献中贸易自由化的衡量方法进行梳理和归纳，较为创新地将其划分为进出口额法（郭熙保和罗知，2008）、进口渗透率法（Beyer 等，1999；Harrison，1994；俞会新和薛敬孝，2002；余淼杰，2010）、关税法（毛其淋和盛斌，2014；毛其淋和盛斌，2013；毛其淋和许家云，2015；盛斌和毛其淋，2015），以及关税贸易加权法（余淼杰，2011；毛其淋和盛斌，2013；田巍和余淼杰，2013，2014；张燕和谢建国，2013；周申，2003；张燕等，2013；余淼杰和梁中华，2014；Yu，2014）四个类别。

1. 进出口额法

进出口额法作为早期文献中研究者较为普遍使用的贸易自由化测算方法，其具有指标构建简便、数据容易获取等优点，在这一指标的具体构建过程中，研究者普遍采用地区或者国家层面的贸易进出口总额与国内生产总值的比值对该地区或者国家的贸易自由化程度进行衡量。例如，郭熙保和罗知（2008）在研究贸易自由化对中国经济增长和减轻贫困影响的过程中，采用了中国各省市年度进出口贸易额与其省市国内生产总值之比对该省份的贸易自由化程度进行衡量，其测算方法得到了学界的认可。

然而，进出口额法测算的贸易自由化指标明显存在一定的缺陷，因为这一方法仅靠本地进出口额占本地国内生产总值的比值对本地的贸易自由化进行衡量，很难较为真实地反映一个地区的贸易自由化程度，尤其是在该国或该地区的外贸依存度较低的情况下，可能低估该地区的贸易自由化程度；反之亦然。因此，进出口额法并不是一种十分可靠的方法，其更多的是对一个地区外贸依存程度的反映。在数据可获得性较差或者数据缺失较为严重的情形下，使用这一方法可以部分反映该地区的贸易自由化程度，但是，在有其他更为可靠的方法作为选项的情形下，使用进出口额法来构建贸易自由化指标显然并非明智之举。

2. 进口渗透率法

进口渗透率一般是指一个行业的进口额比行业总产出（盛斌和毛其淋，2015），这一指标的构建中一般使用行业的进口额与总产出的比值对其进行表示（Beyer 等，1999；Harrison，1994；俞会新和薛敬孝，2002；周申，2006；余淼杰，2010）。显然，这一方法在进出口额法的基础上进行了微观升级，在已有的研究中，有部分研究者采用了进口渗透率对贸易自由化进行衡量，例如，余淼杰（2010）在研究中国贸易自由化对制造业企业生产率影响的过程中，即使用了进口渗透率法对贸易自由化程度进行衡量，余淼杰在采用中国海关总署的进口数据与企业产出加总得到的产出数据基础上，测算得到了二位数行业代码的进口渗透率来作为中国贸易自由化的衡量指标。

从上述分析可以发现，这一方法是与进出口额法相类似的，进口渗透率法在构建贸易自由化指标的过程中同样存在一些问题亟待解决，细究其原因，这一方法的可靠与否在很大程度上依赖于本地市场的需求状况，如果本地市场消费习惯的差异较大或者本地企业的市场竞争力较强，那么，进口渗透率法测算下的本地市场进口额都将偏小，然而，这些情况并不能说明本地市场的贸易自由化程度较低；反之亦然。此外，毛其淋和盛斌（2013）也认为，进口渗透率法并不能准确地衡量一国的贸易自由化程度，特别是对于那些经历重大贸易政策改革的国家，进口渗透率法往往测算效果不佳，因此，本书认为，进口渗透率法对于贸易自由化的反映较为有限，参考价值不是太大。

3. 关税法

关税是最为直接和普遍采用的贸易政策，其可以更为直接地反映一国的贸易政策倾向。在关税法构建贸易自由化指标的过程中，研究者往往直接采用产品进口关税的行业均值来对贸易自由化进行衡量，取得了较好的效果，当然，行业越为细化其效果则越优异。毛其淋和盛斌（2014）在测算中国贸易自由化程度中，即采用 WTO 和世界银行提供的中国产品进口关税数据为基础数据，通过行业分类标准转化并最终通过取均值的方法得到分行业关税数据，进而以此数据作为分行业的贸易自由化指标，取得了学术界的认可。无独有偶，Lu和 Yu（2015）采用了与毛其淋和盛斌（2014）相一致的方法对贸易自由化进行测算，具体来说，Lu 和 Yu 在研究中国贸易自由化相关问题的过程中，同样采用 WTO 和世界银行的中国产品进口关税数据为研究基础，通过取均值的方法获得了中国各行业的贸易自由化指标。

梳理上述文献可以发现，虽然关税法构建的贸易自由化指标可以在一定程度上反映各行业的贸易自由化程度，但是，这一指标仍然存在一定的缺陷。以毛其淋和盛斌（2014）与 Lu 和 Yu（2015）的研究为例可以发现，由于在不同行业标准的转化过程中，关税指标的细化程度在不断降低，在不断地将行业进行均值化处理的过程中有可能导致更高级别的关税分类标准较难反映低一级关税分类的全貌的问题。随着关税指标细化程度的降低，如此反复进行下去将会进一步导致最终得到的关税数据的可靠程度逐渐下降，因此，关税法测算的关税均值对贸易自由化指标实际反映程度的实际效果部分取决于所采用关税指标数据的细化程度，可以认为，行业分类的细化程度越高，关税法构建的贸易自由化指标对实际贸易自由化程度的反映越有效，可以预言，数据的进一步细化将是未来研究者进一步追求的新方向。

另有部分学者在关税法测算贸易自由化指标的框架内进行了其他创新和尝试，在毛其淋和盛斌（2014）等研究的基础上，部分学者（毛其淋和盛斌，2013；毛其淋和许家云，2015；盛斌和毛其淋，2015）采用税目数量作为加权指标构建得到了各行业的关税数据作为贸易自由化的替代指标，这一构建方法在毛其淋和盛斌（2014）的研究基础上进行了一定程度的改进，尝试消除简单均值法带来的一些弊端，部分研究者也就这一方法进行了实际应用（毛其淋和盛斌，2013；毛其淋和许家云，2015；盛斌和毛其淋，2015）。具体研究过程中，毛其淋和盛斌（2013）较早地在最终产品关税测算过程中使用了产品的税目数与进口关税税率的加权指数作为贸易自由化的替代指标，其具体测算公式表达如式（2-2）所示：

$$\text{OutputTariff}_{jt} = \frac{\sum_{s \in I_j} n_{st} \times \text{Tariff}_{st}^{\text{HS6}}}{\sum_{s \in I_j} n_{st}} \qquad (2\text{-}2)$$

其中，n 为 HS6 位码的产品税目数，Tariff 为 HS6 位码产品的进口关税税率，s 为协调编码六位码产品。这一方法虽然似乎更为可靠，但是也容易发现，相对于简单均值方法，这一方法并未有实质性的改进，也可以说，这一方法同样存在一个明显的缺陷，即关税税目数并不能完全反映产品的实际贸易数量，简单地使用关税税目数对产品实际贸易数量进行替代很可能导致更为严重的误差，因此，产品税目数量作为加权仍然不具有较好的说服力，其并未能提高最终测算结果的效率，因此，本书认为在采用关税法来测算贸易自由化指标的过程中，采用均值法进行求解仍然是最为可靠和适用的。

4. 关税贸易加权法

关税贸易加权法意图通过采用贸易加权的方法将关税法测算的指标进一步优化，理论上，关税贸易加权法构建的贸易自由化指标通过将进口渗透率法与关税法的优点相结合可以较好地规避其他已有测算方法可能存在的缺陷，已有部分研究者（余淼杰，2011；毛其淋和盛斌，2013；田巍和余淼杰，2013；余淼杰和梁中华，2014；张燕和谢建国，2013；周申，2003；张燕等，2013；Yu，2014）采用这一方法对中国的贸易自由化程度进行衡量。在关税贸易加权法构建贸易自由化指标的过程中，周申（2003）较早地使用了这一方法，通过结合关税数据与贸易量数据对贸易自由化程度进行衡量，具体来说，他通过采用进口关税收入与进口总额之比构建中国的实际关税率来衡量中国的贸易自由化程度，这一指标较好地反映了中国贸易自由化的实际现状，并且具有构建简便的优点，显然这一方法在以宏观指标作为基础数据的测算过程中优点比较突出，理论和实践均较为完备，其对于贸易数据与关税数据处于同一细化程度的测算具有很好的效果。

与之相对应的是后续研究者更多地专注于微观层面数据的研究，因此，后续关税贸易加权法构建贸易自由化指标过程中均尽可能地细化了行业分类。举例来说，余淼杰（2011）、Yu（2014）采用进口关税与贸易数据加权来对贸易自由化进行衡量，通过构架加权关税指数来衡量贸易自由化程度，具体加权关税指数 τ_{ijt} 的构建公式设定如式（2-3）所示：

$$\tau_{ijt} = \sum_k \left(\frac{m_{ijt}^k}{\sum_k m_{ijt}^k} \right) \nu_{jt}^k \tag{2-3}$$

其中，分数为产品 k 在该企业所有产品中的占比，通过产品出口值计算得到。然而，虽然这一方法看起来似乎较为完美，但是，由于这一方法对数据的要求极高，而其在测算过程中，企业各产品所有产出的国内总价值却无法获得，因此，余淼杰（2011）、Yu（2014）将同一产品的国内外销售比例设定为相同，显然，这一设定方式与当前中国的实际是不相符合的，尤其中国大量代工企业的存在，实际情境中这些企业的产品可能并不在国内市场进行销售，也可能国内外的比例并非一致，因此，他们采用的这些人为假定情形都将导致其最终的测算结果存在较大偏误，进而影响这一方法的实际测算效果。

余淼杰（2011）、Yu（2014）对贸易自由化的构建思想相类似，田巍和余淼杰（2013，2014）采用与 Amiti 和 Konings（2007）、Topalova 和 Amit（2011）相一致的做法测算了中间品贸易自由化程度，其具体构建方法如式（2-4）所示：

$$IIT_{ft} = \sum_n \left(\frac{input_{nf}^{2002}}{\sum_n input_{nf}^{2002}} \right) \tau_{nt} \tag{2-4}$$

其中，$input_{nf}^{2002}$ 为该年度行业 f 的投入要素或产品 f 的产量，τ_{nt} 为相应的关税税率，为行业 f 所使用投入要素或产品 n 的平均关税。每个行业使用的投入要素、产品的产值以及关税数据均来自行业的投入产出表。可以发现，相较于已有研究者的做法，这一方法理论和实践上都更为合理，纠正了以往简单平均方法的弊端，但是这一方法存在的弊端也同样明显，由于研究者所采用的每个行业的投入要素、产品的产值以及关税数据均来自行业的投入产出表，而投入产出表中行业的细分程度则限制了这一指标的细化程度，因而，这一方法构建的贸易自由化指标的行业细分程度较为有限。

与田巍和余淼杰（2013，2014）对中间品贸易自由化程度的测算方法相类似，张燕等（2013）与张燕和谢建国（2013）在对贸易自由化程度的测算过程中，通过贸易加权法测算实际进口关税的方法，并且创新地使用了中国与其贸易伙伴签订的关税减让表、各最惠国税率、WTO 关税指标以及 UN-COMTRADE 贸易数据计算得到。具体测算公式如下：

$$tariff_{it} = \sum_{m \in M} \omega_{mit} duty_{mit}$$

其中，$tarif_{it}$ 为 i 行业 t 年的进口关税，ω_{mit} 为 i 行业 t 年的来自国家 m 的进口产品占该行业总进口额的比例，$duty_{mit}$ 为关税减让表以及最惠国协定中 i 行业 t 年的来自国家 m 的平均进口关税。值得注意的是，进口关税测算过程中，$duty_{mit}$ 国家 m 的进口关税均值的计算思想与方法如下：

首先，将国际贸易商品 HS 编码归类到 ISIC 编码下，进一步将 ISIC 编码归类到中国政府认定和通行的《国民经济行业分类与代码》（GB/T4754－2002）为标准的二分位行业代码。其次，在上述分类工作的基础上，进一步结合中国对外签订的自贸区减税协定与最惠国税率，测算各减税协定中行业层面进口关税税率，进而得到各个国家进口行业平均进口关税。由此可以发现，张燕等（2013）、张燕和谢建国（2013）对贸易自由化程度的测算更为合理，他们通过关税贸易加权法测算了实际进口关税的方法，并且创新地使用了中国与其贸易伙伴签订的关税减让表、各最惠国税率、WTO 关税指标以及 UN-COMTRADE 贸易数据计算得到，这一方法克服了已有研究中无法全面衡量最终关税实际加权的弊端。因而，张燕等（2013）、张燕和谢建国（2013）这一方法的优点也在于其在衡量与原始数据相一致的细分行业时，不论是在理论还是在实际应用中均较为完备，他们在实际研究过程中也是按照这一行业划分进行操作的。相对应的是，这一研究方法的缺点仍在于其研究比投入产出表划分更为细分的行业数据存在较大的困难，很容易因为均值划分而产生偏误，因而如果研究者所采用的研究数据相较于投入产出数据更为细化时，这一方法的可靠性就存疑了，这也是本书十分推崇这一研究方法而在实际应用中并不采用的原因。

本书进一步对上述贸易自由化测算方法的优缺点进行细致的梳理和对比分析，可以发现，虽然已有方法中进出口额法、进口渗透率法、关税法、关税贸易加权法等贸易自由化测算方法均有着显著的优势，但是也发现，各种方法均存在缺陷。部分研究者认为，相较于其他测算方法，关税贸易加权法构建的贸易自由化指数相对而言更为可靠，并且认为，在理论上采用关税贸易加权来测算贸易自由化的方法兼顾了进口渗透率法与关税法等方法的优点，在理论构建上是更为完备的，显然这一说法具有一定的道理，但是，也不能完全忽视此类方法具有的共同缺陷。贸易加权方法的目的是在企业产品层面进行加权，但是，由于现有数据的限制，各测算方法均难以极为精确地确定各具体产品的销售量并进行实际加权，更多的是采用均值方法，有时还存在对国内外销售按照同一比例进行划分的现象，显然此类较为粗糙的加权方法将导致关税指标较为混乱，实际测算效果并没有想象中那样完美。因而，在贸易自由化指标的实际度量过程中，是否采用关税贸易加权法来测算贸易自由化需要根据研究数据的行业细分程度以及关税数据原始数据的行业细分程度进行确定，否则盲目使用将导致数据的研究偏误偏大等问题产生。

基于上述分析，为有效提升本书所测算的贸易自由化指标的可靠性和稳定性，同时，考虑到本书将采用的关税数据的原始数据为 HS6 分位数据，企业成本加成测算数据的原始数据为四分位数据，本书后续贸易自由化指标的测算工作中，将采用与毛其淋和盛斌（2014）、Lu 和 Yu（2015）相一致的关税法对中国分行业的贸易自由化程度进行测算，这一方法的优点在于不需要主观地确定一些指标的权重，而是统一采用均值的方法进行确定。谨慎起见，为了有效规避贸易自由化指标均值加权处理可能存在的测量偏误，本书在贸易自由化指标的测算和随后的计量检验过程中，将分别采用贸易自由化指标的四分位行业和二分位行业层面的数据对中国分行业的贸易自由化程度进行度量。

（二）准自然实验法（Quasi-experiment）

一般来说，贸易自由化这一指标的构建存在难度，而且在应用过程中，这一指标在计量检验过程中可能存在的内生性问题处理起来也存在一定的困难。为有效应对这一问题，部分学者借用了准自然实验法的思想，采用倍差法等计量方法来实证检验贸易自由化事件对经济造成的影响。细究起来，可以发现，这一方法存在一个显著的优点，其可以有效规避可能存在的内生性问题对研究结果造成的影响，但是，这一方法同样也存在一个较为明显的困难之处，即与研究者所研究问题相关的准自然实验并非一直存在的，所研究的很多问题并不能用这一方法进行处理。

虽然与贸易自由化这一研究主题相符合的准自然实验搜寻起来较为困难，且可能往往并不存在，但是，十分幸运的是，通过梳理现有文献，得出贸易自由化准自然实验的搜寻和应用中，已有部分学者进行了努力，并且他们已经通过采用准自然实验作为贸易自由化的冲击事件进行相应的研究，并取得了学术界的认可。例如，部分学者（Bottasso 和 Sembenelli，2001；Görg 和 Warzynski，2006；Badinger，2007）采用1991 年 1 月 1 日开始实施的欧盟单一市场计划（Single Market Programme）作为冲击事件，借此研究了贸易自由化对企业成本加成的影响，取得了较好的效果，学术界对此给予了认可。无独有偶，另有部分学者（Warzynski，2001；Konings 和 Vandenbussche，2005）采用反垄断、反倾销等案例作为冲击事件，并以此为基础，系统研究了这些事件冲击对企业成本加成的影响。

已有文献涉及中国贸易自由化具体问题的研究，肖德等（2013）在研究贸易自由化相关问题的过程中，也搜寻到了类似的准自然实验对贸易自由化进行衡量，他们以中国—东盟自由贸易区（CAFTA）的建立为贸易自由化事件，较为准确和合理地衡量了贸易自由化对经济发展带来的影响。与肖德等

（2013）的研究逻辑相类似的，毛其淋和盛斌（2014）在研究中国当前贸易自由化程度对制造业企业生产率的影响过程中，较为创新地选择使用中国加入WTO这一准自然实验作为冲击事件，考察中国加入WTO这一事件对中国制造业企业生产率构成的影响，通过倍差法（Difference in Difference，DID）思想构建计量模型，有效控制了可能存在的内生性问题。无独有偶，余淼杰和梁中华（2014）也采用了与毛其淋和盛斌（2014）相类似的研究思路系统检验了贸易自由化对企业层面劳动收入份额的影响，通过以中国加入WTO作为一次准自然实验，余淼杰和梁中华（2014）通过采用倍差法计量策略，实证检验了贸易自由化对企业层面劳动收入份额的影响及影响渠道，研究发现，贸易自由化通过降低资本成本等渠道显著降低了企业的劳动收入份额，并且这一结论是十分稳健的。对比分析，可以发现，在毛其淋和盛斌（2014）、余淼杰和梁中华（2014）的研究中，贸易自由化准自然实验的选择是十分合理的，并且他们所应用的倍差法计量模型十分严谨，研究思路极为明确。更为重要的是，毛其淋和盛斌（2014）、余淼杰和梁中华（2014）等的研究思路和方法对本书的研究主题具有较大的借鉴意义，可以很好地处理实证检验中普遍存在的内生性问题，因此，这些研究思想和方法可以为本书进一步的研究提供一个有益的启示。

通过系统梳理上述各个准自然实验的选择与相关计量方法的使用，可以发现，准自然实验这一方法分析贸易自由化可能的经济影响有着其独特的优势，其不仅为贸易自由化指标的衡量提供了一个新的视角，也为贸易自由化相关问题的研究中内生性问题的解决提供了一个新方法，而以往研究中贸易自由化指标的内生性问题处理往往困扰着学者们，而准自然实验方法可以为本书贸易自由化相关问题的研究提供了一个可靠的解决方法和有益的启示，在本书进一步的研究中也将使用这一方法对相关问题进行探讨，从而有效提升了本书贸易自由化相关研究的可靠性。由于以中国加入WTO这一事件衡量中国的贸易自由化冲击有着显著的优势，在后续的研究过程中，本书也将采用与毛其淋和盛斌

（2014）、余淼杰和梁中华（2014）等相一致的做法，采用中国加入 WTO 这一准自然实验作为贸易自由化的冲击事件，进而在有效检验贸易自由化事件对企业成本加成的影响的基础上，合理地处理计量分析过程中可能存在的内生性问题对研究结果造成的影响，从而有效保证本书研究结果的可能性。

第二节 关税减让与企业成本加成

关税减让如何影响企业成本加成，涉及这一研究主题的已有研究仍然较少，但也有一些研究者基于不同研究视角和不同研究样本对本书这一主题进行了探索。梳理已有涉及贸易自由化影响企业成本加成的文献，可以发现，与本书研究主题相关的文献大体可以分为以下两个方面：一是进口竞争对本国企业成本加成的影响；二是出口行为对企业成本加成的影响。因此，本节后续部分将就涉及进口竞争与出口行为这两种贸易自由化的表现形式对企业成本加成影响的文献进行系统的梳理和归纳。

一、进口竞争与企业成本加成

涉及进口竞争对其企业成本加成影响的研究中，Hoekman 等（2001）较早地对这一问题进行了研究，在构建一个简单的古诺竞争模型的基础上，探讨了市场进入规制对国内行业成本加成的影响，研究发现，一国市场进入规制对该国行业成本加成的促进作用与该国的国家规模成正比；小国情形下，贸易开放程度越高，其对本国的行业成本加成影响越大。Hoekman 等采用 41 个国家样本进行的实证检验进一步证明这一结论的可靠性，显然贸易开放越高，外部企业越可能进入本国市场进行销售，这也因此导致进口竞争更为激烈，从而使其对本国行业成本加成的影响也更为负面。

Tybout（2003）首先对以往研究中普遍采用的完全竞争市场条件进行了拓展，在样本选择方面，选择了以墨西哥、智利等具有代表性的美洲国家的企业数据开展经验分析，实证研究结果表明，在这些国家进口竞争显著降低了本地企业的成本加成，与此同时，进口竞争是否对本地企业的利润创造造成负面影响却并不明确。

Konings 等（2005）则以东欧地区的保加利亚和罗马尼亚两个国家的企业数据为研究样本，并采取进口渗透率为进口竞争的衡量指标，研究结果显示，进口渗透率对企业成本加成的影响受产品市场集中度的影响较为显著，产品市场集中度越高，进口渗透率越可能抑制企业成本加成提升，这一结果意味着，进口竞争可以通过"倒逼创新"的途径促进企业成本加成的提升。

Boulhol 等（2006）同样以欧洲国家为研究样本，在选择以西欧地区的英国制造业企业为经验分析样本的基础上，设计了一个两阶段的分析方法来检验贸易的促进竞争效应，第一阶段，采用了 20 个制造业部门 9820 家制造业企业为研究样本估计了企业成本加成，发现 20 世纪 90 年代中期英国制造业企业的成本加成显著降低；第二阶段，通过实证检验发现，贸易的促进竞争效应十分显著，发现促进竞争效应对本地企业成本加成的抑制作用在进口产品来自发展中国家时十分显著。

Melitz 和 Ottaviano（2008）在考虑企业异质性的基础上，将加成率在垄断竞争模型内部成功实现了内生化处理，通过对各种类型贸易自由化政策的逐一剖析，他们发现，进口竞争往往不利于企业成本加成的提升，分析其内在原因可以发现，这一负面影响主要来自贸易自由化对市场竞争激烈程度的加剧作用。

Bugamelli 等（2008）采用 1990～2004 年意大利制造业企业数据，研究了来自中国的商品进口冲击对本地企业成本加成的影响，研究结论证明，进口中国商品带来的冲击效应降低了意大利本地企业的产品加成，并且这一现象在低技术水平部门中的低生产率企业中最为显著，他们将这一问题的主要原因归结为进口中国产品所导致的行业内部竞争加剧。Altomonte 等（2013）同样以意大利企业为研究样本，但与 Bugamelli 等（2008）所不同的是，Altomonte 等（2013）通过将进口中国产品对企业成本加成的影响划分为短期影响和长期影响两个视角，全面探讨进口中国产品对意大利本地企业成本加成的影响，研究结果证明，短期内进口中国产品的促进竞争效应十分显著，进口中国产品显著降低了本地企业产品加成，而长期情形下进口中国产品则有助于本地企业成本加成的提升。

Wu（2009）在研究样本选择过程中，选择了 13 个经济合作与发展组织（Organization for Economic Co-operation and Development，OECD）国家的产业数据展开实证研究，同时考察了各行业的自然壁垒及本国市场进入规制对加成率的影响，其经验分析结果表明，不管是产业的自然壁垒，还是市场进入规制，都显著促进了相应产业加成率的提高，尤为值得关注的是，这一效应在市场进入规制较高、自然壁垒较高的产业得到显著加强，但是也需要指出的是，他发现上述效应并不十分显著，可以认为，较高的进入壁垒降低了进口竞争的激烈程度，因而有利于本国产业成本加成的提升。

Chen 等（2009）在通过构建理论模型分析贸易开放对企业成本加成影响的基础上，进一步采用了 1989~1999 年欧盟内部企业数据作为经验分析样本，探讨了贸易开放如何影响企业加成率，研究结果证明，短期内贸易开放通过促进市场竞争效应显著降低了企业的成本加成，而在长期内贸易自由化对企业成本加成的降低效应较为模糊，他们同时发现，本国的贸易自由化也将导致海外市场的促进竞争效应加剧，显然，这一结果与进口竞争对企业成本加成存在抑制作用的结论是一致的，他们也认为，促进竞争效应在贸易自由化对企业加成率的影响中发挥了更为显著的作用。

Feenstra 和 Weinstein（2010）同样对这一主题进行了研究，他们首先在一个垄断竞争模型的框架内，从理论分析的视角系统梳理了全球化进程对企业成本加成的影响，并在此基础上，以 1992~2005 年美国市场数据作为研究样本，在采用进口渗透率对全球化程度进行衡量的基础上，接下来，他们通过设计严格的计量方法实证研究了全球化对企业成本加成的影响，他们的研究结论与上述研究较为一致，在美国市场中，进口渗透率抑制了企业成本加成提升，进口份额的提升将导致本土市场中企业成本加成下降，显然这一结果表明贸易自由化为本国企业带来了更为激烈的市场竞争强度，上述因素构成了企业成本加成下降的主要原因。

中国样本的具体分析和检验中，罗长远等（2015）采用世界银行调查数据与联合国商品贸易数据为实证样本，通过对进口来自中国的产品如何影响本地企业加成率，他们发现，进口最终产品进口降低了泰国国内企业的加成率，而在中间产品方面，这一现象并不存在，并且进口中国产品导致的泰国本地企业成本加成的降低，不如进口低收入国家产品导致的影响显著。显然，罗长远等（2015）的研究成果表明，进口他国产品带来的贸易冲击的确可能会对本地企业的成本加成构成负面影响，但是也需要考虑其所进口产品的种类以及这些所进口产品所处产业价值链位置的差异。

由上述研究可以发现，面对外部企业进入为典型特征的贸易自由化，研究者们更多的发现是随之而来的促进竞争效应，他们通过研究发现，进口他国产品将导致本地相应市场竞争程度进一步加剧，这使本地的企业相较于之前，要面临更强的市场竞争，进而提升企业的边际成本，降低企业的实际加成率，但总体上来看，企业成本的降低仍然困难重重，更多情形下，企业是通过被迫降低其企业成本加成来参与到激烈的竞争中的，从而在日趋激烈的竞争中得以生存，因而，进口他国产品往往将进一步导致本国企业的成本加成降低。

二、出口行为与企业成本加成

涉及出口对企业成本加成影响的研究中，已有学者对这一问题进行细致而严谨的探讨，但是根据不同样本的研究得出的结论往往大相径庭，梳理其中的相关文献，可以发现，现有研究的研究结论基本可以划分为对立鲜明的两种观点，部分研究者认为出口有效地促进了企业成本加成的提升，而另一部分研究者则认为出口将为企业成本加成提升带来抑制作用。

现有支持出口有助于企业成本加成提升的文献中，Görg 和 Warzynski（2003）采用 Roeger（1995）提出的企业成本加成测算方法测算了 1990~1996 年英国制造业企业成本加成的基础上，检验了企业出口行为是否影响企业成本加成，研究结果表明，相较于非出口企业，出口企业的成本加成显著提升，这也说明企业出口行为显著推动了企业成本加成提升。

Bellone 等（2008）采用 1986~2004 年法国制造业企业层面数据为研究样本，采用了与 Roeger（1995）、Domowitz 和 Petersen（1988）相一致的企业成本加成测算方法测算了法国制造业企业成本加成，在此基础上，进一步对 Melitz 和 Ottaviano（2008）的研究结论进行实证检验，研究发现，企业成本加成与其所在市场的进口渗透率以及其自身企业出口强度正向相关，贸易保护下企业出口企业的成本加成高于非出口企业。

De Loecker 和 Warzynski（2012）创造性地通过拓展生产函数实现了企业层面企业成本加成的测算，在此基础上，采用这一方法测算了 1994~2000 年斯洛文尼亚 7915 个制造业企业成本加成，并进一步检验了企业出口与其成本加成的关系，研究结果证明，相较于非出口企业，出口企业成本加成更高，随着企业出口的实施，企业成本加成随之提高。

认为出口阻碍了企业成本加成提升的研究更多是基于中国样本进行的。盛丹和王永进（2012）以 1999~2007 年中国工业企业数据为研究样本，在采用与 Domowitz 等（1986）相一致的方法测算了企业成本加成的基础上，就中国出口企业成本加成进行了实证检验，研究发现，中国出口企业成本加成普遍低于非出口企业，在不同样本中这一现象均存在，究其原因，他们认为是长期的出口退税等政策以及行业内的过度竞争导致这一问题的产生。

与盛丹和王永进（2012）研究相类似的，祝树金和张鹏辉（2015）在采用 1999~2007 年中国制造业企业微观数据测算了企业成本加成的基础上，采用了基于倾向得分匹配的倍差法，实证检验了企业出口对企业成本加成的影响，他们研究发现中国制造业企业的出口未能提升其企业成本加成，分样本中，仅有资本密集型内资企业转向低密度出口时才可能会提升其企业成本加成。

通过系统梳理和归纳上述已有研究中企业出口行为对企业成本加成影响，我们可以较为容易地发现，研究以出口为代表的贸易自由化对企业成本加成影响的文献仍然较少，研究方法较为单一，并且这些研究目前并未能形成较为统一的研究结论。

第三节　贸易自由化制度演化与企业成本加成

一国的贸易制度无疑对本国企业构成显著的影响，那么，贸易自由化制度的演化如何影响企业的成本加成呢？这一主题的相关研究无疑极具现实意义。贸易自由化制度演化如何影响企业成本加成，涉及这一研究主题的已有研究仍然较少，但也已经有一些研究者基于不同研究视角和不同研究样本对本书这一主题进行探索。梳理已有研究中涉及贸易自由化制度演化与企业成本加成的文献，可以发现，部分学者采用了贸易自由化制度演化的突变视角，即贸易自由化拟自然实验的发生对企业成本加成的影响进行了系统研究。同时，在对贸易自由化制度演化的衡量中，政府补贴作为各国政府普遍采用的政策工具，其在一定程度上可以较好地对非关税贸易壁垒进行衡量，采用政府补贴对贸易自由化制度演化进行衡量，可以从贸易自由化逐步演化的角度对贸易自由化进行刻画。因而，本书将贸易自由化制度演化与企业成本加成这一研究主题相关的文献大体分为以下两个方面：一是贸易自由化事件对本国企业成本加成的影响；二是政府补贴对企业成本加成的影响。因此，后续部分将就从这两个视角对已有文献进行系统的梳理和归纳。

一、贸易自由化事件与企业成本加成

贸易自由化事件作为贸易自由化制度演变的突变特例，这些事件的发生为研究者提供了一些准自然实验，而这些准自然实验作为考察贸易自由化政策效应的利器，可以在较好地处理研究结论可能存在的内生性问题的前提下，有效地检验贸易自由化制度演化对本国企业成本加成构成的影响。在现有文献中，已经有部分学者应用这一方法系统检验贸易自由化制度演化对企业成本加成的影响。贸易自由化事件的寻找无疑是此类研究的关键所在，只有确定可靠的准自然实验，研究结论才具有可借鉴性，已有研究中，一部分研究者采用自由贸易区建立、反垄断以及反倾销等事件的发生作为贸易自由化的冲击事件，在此基础上，采用可靠的计量分析方法实证检验了此类贸易自由化事件冲击对本国企业成本加成造成的影响。

梳理文献可以发现，Warzynski（2001）较早采用此类方法对企业成本加成进行了研究，Warzynski 在采用 Domowitz 等（1988）改进的企业成本加成的估计方法测算了 1958~1994 年美国制造业行业成本加成的基础上，进一步检验了美国反垄断政策是否影响了美国制造业行业的成本加成，研究结果表明，反垄断政策越严厉，相应行业的成本加成将随之越低，反垄断政策与对应行业

成本加成呈现出显著的负相关关系。

在采用反倾销案例进行研究的文献中，Konings 和 Vandenbussche（2005）在测算了 1999~2002 年欧盟涉及反倾销案例的 4000 个生产商的企业成本加成的基础上，考察了反倾销事件对企业成本加成的影响，结果不出意外，研究结果表明，对外国企业进行反倾销，可以有效提升本国企业成本加成，并且当企业产品种类数量不同时，反倾销事件的影响也存在差异，具体来说，实施反倾销时，非单一产品企业的企业成本加成将提升约 7%，而单一产品企业成本加成提升约为 14%。但值得注意的是，Konings 和 Vandenbussche（2005）认为反倾销对本国企业成本加成的提升作用可能并不稳定，如果本国产品进口选择从非倾销国家进口，或者由更多的企业选择在本地进行投资生产，反倾销反而有可能降低本国企业成本加成。

De Loecker 等（2012）首先设计了一个可以使用多产品企业的生产数据来测算其企业成本加成的新方法，并采用这一方法测算了印度 1989~2003 年制造业企业成本加成，在此基础上，研究了贸易自由化事件对印度制造业企业成本的影响，研究结果表明，虽然贸易自由化降低了企业产品价格，但贸易自由化提升了印度制造业企业成本加成，这一现象的主要原因是进口关税的自由化大幅降低了企业生产所需的进口原料价格。

在一系列贸易自由化事件中，较具里程碑意义的贸易自由化事件是欧盟单一市场计划的实施，部分研究者也已经对这一拟自然实验进行充分利用，较好地处理可能存在的内生性问题，具体来说，以 Bottasso 和 Sembenelli（2001）、Görg 和 Warzynski（2006）、Badinger（2007）等为代表的研究者以欧盟单一市场计划（Single Market Programme）的实施作为贸易自由化事件，实证检验了欧盟单一市场计划这一贸易自由化事件的发生对企业成本加成可能造成的影响。Bottasso 和 Sembenelli（2001）较早进行了此类探索，他们以 1977~1993 年意大利 745 家企业为研究样本，实证检验了 1991 年欧盟单一市场计划对企业市场势力的影响，研究结果表明，在单一市场计划实施后，1992 年意大利最敏感企业的市场势力大约降低了 50%，这一研究结论说明，市场整合程度越高，本国企业的市场势力越低。

与 Bottasso 和 Sembenelli（2001）略有不同的是，Görg 和 Warzynski（2006）更换了研究的企业样本，他们以英国制造业为研究样本，在采用可靠方法精确测算了 1989～1997 年英国制造业成本加成的基础上，精确检验了 1991 年实施的欧盟单一市场计划对英国制造业成本加成的影响，研究结果表明，1991 年欧盟的单一市场计划实施后英国制造业成本加成急剧下降了约 25%，这一现象说明，欧盟单一市场计划实施导致的市场竞争程度加剧对英国的制造业成本加成造成了极为显著的冲击。

Sauner-Leroy（2003）的研究与上述两者研究逻辑相类似，只是研究样本存在一定程度的差异。他以欧盟各国 1987～2000 年制造业企业为研究样本，系统检验了欧盟单一市场计划的实施对欧盟国家制造业企业成本加成可能造成的影响，研究结果显示，在 1992 年底之前，欧盟国家制造业企业成本加成随着企业产品价格的下降呈现下降趋势，而随着欧盟单一市场的建成，由于企业生产效率的提高，欧盟国家的制造业企业成本加成逐渐提升，显然，1991 年实施的欧盟单一市场计划有助于欧盟内部国家企业成本加成的提升，贸易自由化政策着实促进了区域内企业成本加成的提升。

与 Sauner-Leroy（2003）仅对欧盟国家的制造业样本进行研究不同，Badinger（2007）以 1981～1999 年欧盟 10 个成员国的三个主要产业与 18 个细化产业为研究样本，通过采用设计严格的计量模型，实证检验了欧盟单一市场计划对其成员国企业成本加成造成的影响，研究结果显示，单一市场计划对不同产业中企业成本加成的影响存在着显著的差异，对于制造业企业与建筑业来说，单一市场计划的实施促进了其企业成本加成的提升，他们将发生这一现象的原因归结为单一市场计划带来的促进竞争效应，与制造业企业以及建筑业不同，对于服务业来说，单一市场计划的实施阻碍了其企业成本加成的提升。

与上述涉及欧盟单一市场计划实施如何影响企业成本加成的研究不同，Badinger 和 Breuss（2005）另辟蹊径，他们实证检验了 1995 年奥地利加入欧盟单一市场计划的促进竞争效应对其本国企业成本加成的影响，通过以 1978~2001 年 46 个行业与 7 个行业分组为研究样本，研究发现，贸易自由化对企业成本加成的影响随着行业分组的不同而存在差异，在 7 个行业分组中，企业成本加成降低效应仅在其中的 3 个行业分组中成立。

贸易自由化事件如何影响企业成本加成方面的研究，国内少数学者（金碚等，2006；杨振，2016）也进行了尝试，他们通过不同视角研究了中国加入 WTO 对中国企业竞争力、市场势力等可能造成的影响。在较早的研究中，金碚等（2006）采用中国制造业统计数据为研究样本，精准构建了中国制造业竞争力指标，在此基础上，他们通过对比研究等科学方法，系统分析了中国加入 WTO 前后中国制造业企业竞争力的演变趋势，研究结果表明，中国加入 WTO 显著促进了中国制造业企业竞争力的提升。

此外，杨振（2016）也对相关问题进行研究，通过采用中国加入 WTO 前后的年度总体以及细分产业数据为样本数据，以中国加入 WTO 虚拟变量作为中国对外开放的冲击变量，进一步实证检验了中国加入 WTO 这一贸易自由化事件对中国国内行业层面市场势力构成的影响。研究结果表明，中国加入 WTO 显著影响了产业市场势力，并且在不同行业层次中这一影响存在着较大的差异，具体来说，二分位行业层面上，中国的对外开放行为显著提升了各行业的市场势力，与之相反，在四分位行业层面上，中国的对外开放行为则显著降低了各行业的市场势力。

梳理上述涉及各国贸易自由化事件对企业成本加成影响的研究，可以发现，在现有文献的研究结论中，贸易自由化事件对本国企业成本加成的冲击多为负面影响，并且，众多的已有研究中，研究者普遍将贸易自由化对企业成本加成产生负面影响的原因归结为贸易自由化程度的提升带来的促进竞争效应，也就是说，研究者普遍认为，贸易自由化程度的提升往往导致本地企业将被迫面临更为严重的市场竞争，激烈的竞争导致本地企业在市场竞争中疲于应付，本地企业将被迫通过降低企业成本加成来迎接外部企业的调整，因而，最终贸易自由化导致本国企业成本加成的降低。当然，这一研究方法的最大的优点在于其采用倍差法计量策略后将可以很好地控制一些不可观测因素对其研究结果可能造成的影响，进而有效解决可能存在遗漏变量等内生性问题，而这方面的问题处理在以往的研究中效果并不是十分理想，本书也将尝试采用这一方法对本书研究主题进行探讨，从而确保本书研究结论的可靠性。

二、政府补贴与企业成本加成

政府补贴作为非关税贸易壁垒的典型指标，其作为衡量贸易自由化制度演变的另一个逐步演化指标，那么，具体政府补贴如何影响企业成本加成呢？目前，涉及这一主题的研究很少，现有研究文献更多地将研究的焦点集中于政府补贴对企业生产率等其他企业指标的影响。因此，本书也将文献梳理的重点关注在政府补贴的其他影响方面，从而以此作为对政府补贴如何影响企业成本加成的一个启示。

政府补贴对企业生产率构成什么样的影响呢？其中，政府补贴的实际效果主要取决于政府补贴的意图和分配方式，不同的国家其政府补贴的方式和补贴的目的各不相同，这就导致实际中政府补贴的效果存在较大的差异。梳理和归纳已有研究，根据研究结论的差异，可以将现有研究中政府补贴对企业生产率影响的文献分成以下两种截然不同的观点。

一方面，部分学者通过研究发现，政府补贴有助于企业全要素生产率提升。较有代表性的研究中，Harris 和 Trainor（2005）以北爱尔兰制造业企业数据为研究样本，实证分析了政府补贴与其他政府救济方式的效果差异，他们发现在爱尔兰制造业样本中，政府补贴对于被补贴制造业企业生产率的提高作用更为显著。Skuras 等（2006）以希腊样本展开的相同研究也表明，政府推动的资本补贴可以较为有效地提高企业生产率，此外，他们进一步对企业生产率提高的来源进行了分解，发现政府资本补贴之所以可以提高企业生产率，主要原因在于政府资本补贴可以推动企业技术改进。与上述研究者研究结论有所不同的是，Harris 和 Robinson（2004）以英国政府的两次产业支持计划为研究样本，他们发现，政府的产业支持对不同生产率水平企业的影响是不同的，对于生产率水平较高的企业实施补贴，其对企业生产率水平提高的作用并不显著，而这一效应在生产率水平较低的企业中较为显著。可以发现，以上学者的研究多表明，政府补贴可以推动企业生产率提高。

另一方面，部分学者发现政府补贴对企业生产率的影响并非正面。Lee（1996）基于韩国非连续产业面板的研究显示，以政府补贴为代表的政府产业政策未能提高目标产业的生产率水平。Beason 和 Weinstein（1996）考察了日本政府一系列产业政策的有效性，他们同样发现政府补贴未能促进目标产业的生产率水平提高。

Obeng 和 Sakano（2000）在将政府补贴纳入模型内部的基础上，则对全要素生产率方程进行了拓展，在此基础上，选择了美国城市运输业为研究样本，经验分析结果表明，政府补贴抑制了美国运输业生产率的提高。部分国内学者也同样检验了政府补贴对企业生产率的影响，得出了较为负面的结论，徐保昌和谢建国（2015）以中国制造业数据为样本展开实证分析，系统考察了政府补贴如何影响企业全要素生产率，研究结果表明，中国的政府补贴同样不利于企业全要素生产率的提高。

通过以上文献梳理可以发现，政府补贴对企业生产率的影响随研究样本的不同而存在较大差异，这一现象的产生，更多地取决于政府在政府补贴分配过程中所起到作用的差异性。政府补贴作为贸易自由化制度演化的逐步演化指标，其如何影响企业成本加成呢？其中的影响效果很可能取决于政府补贴的分配目的和分配效率，基于这一思想，本书在进一步的研究中将就政府补贴这一贸易自由化制度演化指标对企业成本加成的影响进行检验，寄希望从政府补贴的视角分析贸易自由化制度演化对企业成本加成的影响。

第三章　贸易自由化影响企业
成本加成的机制

厘清贸易自由化如何影响企业成本加成是本书研究的关键之一。为有效研究贸易自由化影响企业成本加成的内在机制，本章首先在一个简单的古诺竞争模型基础上，将贸易自由化因素纳入这一模型，系统分析了贸易自由化对企业成本加成造成的影响，尝试清晰、直观地解释贸易自由化对企业成本加成所构成的影响。在上述工作的基础上，通过结合中国的实际情景及现有文献中的已有研究，就本书研究假设中所具有的经济学逻辑和经济学直觉进行更为清晰、明了的阐述，这也使本书理论分析所得到的研究假设更具有现实意义。更为重要的是，上述理论分析可以为本书进一步的实证研究提供较为可靠的理论基础，并指明了研究方向。普遍认为相较于完全竞争市场模型与垄断市场模型，由法国经济学家 Augustin Cournot 最早提出的古诺竞争模型更为贴近实际情形，因而，在这一模型框架内研究贸易自由化对企业成本加成的影响，对中国实际市场来说更具有实际的解释能力。因而，古诺竞争模型的框架内研究贸易自由化对企业成本加成的影响，将使本书模型的构建更具有现实意义，得到的研究结论对中国实际问题的启发也更有借鉴意义。

本章后续内容将就中国贸易自由化的主要表现形式关税减让及贸易自由化

制度演化影响企业成本加成的机制进行更为直接的分析和探讨，具体来说，本书将从贸易自由化事件对企业成本加成的影响以及政府补贴对企业成本加成的影响两个关键视角分别进行探讨并据此得到相应研究假设，以求为后续章节的实证检验提供一个较为可靠的理论机制，进而确保研究结论的可靠性。

本章具体内容安排如下：第一节为贸易自由化影响企业成本加成的理论分析，本书尝试在一个古诺竞争模型框架中将贸易自由化因素代入模型内部，进而研究贸易自由化对企业成本加成的影响，从而得到研究假设，为后续机制分析以及接下来的实证检验过程提供一个理论基础；第二节为关税减让影响企业成本加成的机制，意图在厘清关税减让影响企业成本加成的渠道的基础上得到后续实证检验的研究假定；第三节为贸易自由化制度演化影响企业成本加成的机制，意图在厘清贸易自由化制度演化影响企业成本加成的渠道的基础上得到后续实证检验的研究假定。

第一节 贸易自由化影响企业成本加成的理论分析

（一）基本假定

为有效厘清贸易自由化影响企业成本加成的内在机制，本书考虑这样一种情形，模型的内部只存在两类国家，即本国与外国。本国的市场为古诺竞争模型市场，这一市场中存在 N 个本国厂商以及一个外国厂商，简便起见，假设本国的 N 个厂商是同质的，并且包括外国厂商在内的本国市场中存在的所有厂商生产的产品均是同质的、无差异的，同时，本书假定本国市场中消费者数量标准化为1。

按照古诺竞争模型的标准设定方法，本书假定本国市场中厂商的边际成本符号为 mc，为了有效对本国厂商与外国厂商进行区分，本书进一步设定下标 d 表示本国厂商，下标 f 为外国厂商，那么，本国厂商的边际成本可以直接表示为 mc_d，外国厂商的边际成本可以直接表示为 mc_f。本书同时假定本国厂商在国内市场销售过程中的其他成本固定为 O，这也是本国厂商必须要付出的成本。

由于本国市场是一个古诺竞争市场，古诺竞争市场中，厂商对于竞争对手的产量预期是理性的，企业通过选择最优的产品产量来实现其自身利润水平的最大化。本书假定单个本国厂商所生产产品的数量可以表示为 q_d，其中，下标 d 表示本国厂商，同时，由于本书已经假定本国内厂商总数为 N，简便起见，我们假定其余本国厂商所生产产品数量的均值表示为 $\overline{q_i}$，那么，可以得到其余厂商的产品数量总值可以表示为 $(N-1)\overline{q_i}+q_f$。据此，每个本国厂商的利润最大化函数均可以表示为：

$$\max\Pi_d(q_d,\ (N-1)\overline{q_i}+q_f) = p(\sum_{j=1}^{N}q_j+q_f)q_d - mc_d q_d - O \tag{3-1}$$

其中，$p(\sum_{1}^{N}q_j+q_f)$ 为反需求函数，$\sum_{j=1}^{N}q_j+q_f$ 为本国市场中所有厂商所生产产品的总量。接下来，依据古诺竞争模型的一般解法，我们可以容易求解本国厂商 d 的利润最大化情形，具体来说，进一步求解式（3-1）的一阶情形：

$$\frac{\partial\Pi_d}{\partial q_d} = 0 \tag{3-2}$$

更进一步地，我们假定 tq 为本国市场中所有厂商生产产品的总量，即 tq 可以表示为 $tq = \sum_{j=1}^{N}q_j+q_f$，接下来，本书进一步将 tq 代入式（3-2），继续对式（3-2）进行求解，那么，本国厂商 d 的利润最大化条件可以直接地表示为式（3-3）：

$$p(tq)\left[1+\left(\frac{\partial p}{\partial tq}\bigg/\frac{tq}{p}\right)\frac{q_d}{tq}\right]=mc_d \tag{3-3}$$

本书设定为 σ 价格替代弹性，则价格替代弹性 $\sigma = -\dfrac{\partial tq}{\partial p}\bigg/\dfrac{p}{tq}$，进而式（3-3）可以进一步表示为：

$$p(tq)\left[1-\frac{1}{\sigma}\frac{q_d}{tq}\right]=mc_d \tag{3-4}$$

（二）贸易自由化指数

贸易自由化指数的构建是本章模型构建过程中的关键点之一，余淼杰（2010）在研究中国贸易自由化问题中采用了进口渗透率指数对贸易自由化程度进行衡量，这一做法为本章理论模型的构建提供了启示。这里本书采用与余淼杰（2010）相一致的做法，理论模型的构建中采用进口渗透率指数作为贸易自由化的替代指标。

同时，由于前文研究中已经假定本国国内厂商均为同质企业，那么，在古诺竞争模型的均衡情形下，本国市场中所有国内厂商总体生产的产品数量 Q_d^* 可以用式（3-5）进行表示：

$$Q_d^* = N^* q_d^* \tag{3-5}$$

其中，q_d^* 为古诺竞争均衡状态下代表性国内厂商 d 所生产产品的数量，N^* 为古诺竞争均衡状态下所有国内厂商的数量。特别地，本书在前文中已经设定本国市场中所有厂商所生产产品的总量为 $tq = \sum_{j=1}^{N} q_j + q_f$，那么，古诺竞争均衡情况下，所有厂商产品的总量可以进一步表示为：

$$tq^* = Q_d^* + q_f^* \tag{3-6}$$

同时，由于前文已经设定 q_f^* 为古诺竞争均衡状况下进口产品的数量（即外国厂商的产品数量），这么，本书采用与余淼杰（2010）相一致的贸易自由化指数的设定方法，通过进口渗透率指数对贸易自由化程度进行替代，因而，本书将古诺均衡状态下的贸易自由化指数 lib^* 设定为式（3-7）：

$$\mathrm{lib}^* = \frac{q_f^*}{Q_d^*} \tag{3-7}$$

（三）企业成本加成

已有研究和论述中，企业成本加成通常被学者们定义为企业产品价格对其边际成本的偏离程度（钱学锋和范冬梅，2015），这也获得了学术界的认可，企业成本加成具体的直接表述过程中，普遍直接采用企业产品价格与其边际成本的差值与其边际成本的比来对企业成本加成进行衡量，本书沿用了企业成本加成的这一表示方法将本国企业成本加成 markup 设定为：

$$\mathrm{markup} = \frac{p(tq) - mc_d}{mc_d} \tag{3-8}$$

古诺竞争均衡的情况下，本书进一步通过将式（3-8）代入古诺均衡条件式（3-4）中，可以得到均衡情形下企业成本加成的表达，那么，均衡情形下的企业成本加成可以表示为：

$$\mathrm{markup}^* = \frac{p(tq^*) - mc_d}{mc_d^*} = \frac{1}{1 - \dfrac{1}{\sigma}\dfrac{q_d^*}{tq^*}} - 1 \tag{3-9}$$

为了直接呈现贸易自由化与企业成本加成的关系式，本书直接将式（3-5）~式（3-8）分别代入式（3-9），可以容易得到古诺均衡情形下，企业成本加成与贸易自由化的关系表达式：

$$\mathrm{markup}^* = \frac{1}{1 - \dfrac{1}{\sigma N^*(\mathrm{lib}^* + 1)}} - 1 \tag{3-10}$$

（四）企业成本加成与贸易自由化的关系

接下来，为了有效厘清并较为直接地呈现企业成本加成与贸易自由化两者之间的具体关系，本书尝试通过求解古诺均衡情形下，企业成本加成在贸易自由化指数上的一阶导数来呈现贸易自由化对企业成本加成的影响。具体求解方法方面，本书通过求解式（3-10）在贸易自由化指数上的一阶导数来直接呈现两者之间的关系，同时，由于 σ>0，N*>0，我们可以得到：

$$\frac{\partial markup^{*}}{\partial lib^{*}} = -\frac{\sigma N^{*}}{(\sigma N^{*}lib^{*}+\sigma N^{*}-1)^{2}} < 0 \tag{3-11}$$

可以发现，式（3-11）显著小于 0，也就是说，企业成本加成在贸易自由化指数上的一阶导数显著小于 0，这一结果表明企业成本加成与一国的贸易自由化程度呈负相关关系，贸易自由化的提升对企业成本加成的影响呈现显著的负向作用。本书得到这一研究结论也并非特例，贸易自由化对企业成本加成的影响，众多国外已有文献（Tybout，2003；Boulhol 等，2006；Melitz 和 Ottaviano，2008；Feenstra 和 Weinstein，2010；罗长远等，2015）也大多得到了相类似的结论。据此，我们也得到本书的研究假定：

假定 1：一国的企业成本加成与其贸易自由化程度呈负相关关系，也就是说，一国的贸易自由化程度越高，其国内企业成本加成越低，反之亦然。

梳理上述研究假说中的经济学逻辑，可以发现，企业成本加成与其贸易自由化程度呈负相关关系，这一结果说明，一国对外贸易中贸易自由化程度越高，那么相应的其国内企业的成本加成将会越低；与之相反的，如果一国对外贸易中贸易自由化程度越低，那么相应的其本国企业的成本加成将会越高。本书得到这一研究假定并不意外，并且本书理论分析中得到的这一研究假定与学术界和实业界的普遍预期也是相一致的。与此同时，本书研究假设中的这一结论，与目前已有文献中以其他国家为研究样本的大部分实证检验中的研究结论也是相一致的。

分析本书研究假设中这一现象产生的原因，可以发现，现有研究普遍认为，贸易自由化最直接的特征为进口关税减免以及非关税壁垒削减，并且随着一国进口关税强度以及非关税壁垒强度的大幅降低，这一国家的贸易自由化程度也逐渐提高。当一国进口关税以及非关税贸易壁垒降低，贸易自由化程度随之提高时，非本国企业进入本国市场过程中所面临的贸易壁垒也随之减少甚至完全消失，非本国企业也因此更容易进入本国市场。显然，当一国的贸易自由化程度提高，大量非本国企业将很可能蜂拥进入该国内部抢占其本土市场份额，这一情形下本国企业面对日趋激烈的市场竞争，将很可能疲于应对，这就导致本国企业在很大程度上被迫采用降低自身产品的销售价格的策略来应对来自非本国企业的市场竞争。显然，在短期内，本国企业的生产成本很难有较大幅度的降低，这也就导致本国企业无法通过生产成本的降低来弥补其产品价格下降的损失，因此，本国企业产品销售价格的下降势必导致其利润率的下降，进而导致本国企业成本加成的显著下降。上述分析渠道也就是通常情形下研究者认为贸易自由化将可能是本国企业成本加成降低的原因，同时，持有这一观点的研究者已经占据了相当的比例，例如，以 Hoekman 等（2001）、Tybout（2003）、Konings 等（2005）等为代表的已有研究均认为，贸易自由化带来的促进竞争效应是本国企业成本加成降低的原因所在。

仔细分析本书研究假设背后的内在作用机理后发现，贸易自由化对企业成本加成还可能存在其他途径，通过系统梳理贸易自由化影响企业成本加成的各个渠道，我们认为，贸易自由化对企业成本加成的主要影响可以大体分为以下两个方面：

一方面，如上述分析所示，贸易自由化将导致非本国企业的大量涌入，这将使本国企业在应对外部企业的市场竞争中被迫降低其自身成本加成以确保企业自身的存活，显然贸易自由化通过促进竞争效应这一途径显著地降低了企业成本加成，这与多数研究者的观察也是相一致的，本节将贸易自由化对企业成本加成的这一影响途径称作"促进竞争效应"。贸易自由化的确带来了更为激烈的市场竞争，尤其是一些本国较为弱势的行业，在面对强势的非本国企业时，这些行业内企业成本加成势必有较大程度的降低，一些弱小的企业甚至很可能被兼并甚至被迫破产。Hoekman 等（2001）、Tybout（2003）、Konings 等（2005）等为代表的已有研究也证明，贸易自由化程度的提高通过加剧促进竞争效应导致本国企业成本加成的降低。因而，贸易自由化通过促进竞争效应导致企业成本加成降低这一途径的作用机理也就不难理解了。

另一方面，贸易自由化将很可能通过优化本国资源优化配置程度这一途径对企业成本加成产生积极的影响，本书将贸易自由化影响企业成本加成的这一影响途径称作"资源优化配置效应"。普遍认为，一体化的市场比由贸易壁垒等导致分割的市场资源配置效率更高，随着本国贸易自由化程度的提高，本国市场的资源优化配置程度也将进一步得到提高，因而，本国企业获取生产要素的能力和效率也将得以提高，在这一情形下，本国企业将很有可能通过获取更为优质和价格低廉的生产要素来提高自身生产效率以及企业自身生产成本的降低。这也就容易理解，当本国企业产品销售价格不变的情形下，贸易自由化程度的提高将有效提高本国市场的资源配置效率，而本国市场资源配置效率的提高将有可能促使本国企业生产成本的有效降低，企业自身生产成本的降低势必将有效提高企业单位产品的利润，企业成本加成也将随之提高。因而，这就不难理解，本国贸易自由化程度的提高可以通过优化本国市场资源配置效率这一途径有效的提升本国企业成本加成。

以上述贸易自由化影响企业成本加成的两个主要途径为进一步分析的思想基础，我们再次对本书研究假设背后所蕴含的内在作用机理进行解读，可以得出，企业成本加成与贸易自由化呈负相关关系是由上述两个效应相互作用的结果。也就是说，一国贸易自由化通过"促进竞争效应"导致本国企业成本加成的降低，同时，一国的贸易自由化也可以通过"资源优化配置效应"导致本国企业成本加成存在一定程度的提高。那么，为何贸易自由化影响企业成本加成的最终效应导致了企业成本加成的降低呢？

通过全面梳理贸易自由化影响企业成本加成的上述两种效应，本书认为，之所以贸易自由化将最终降低企业成本加成，主要原因是：虽然贸易自由化存在对企业成本加成"资源优化配置效应"这一正向影响，但是"资源优化配置效应"这一影响的效果往往微乎其微，或者说不够显著，与此相对应的是，贸易自由化对企业成本加成的"促进竞争效应"则往往更为直接和明显。因而，也就不难理解，普遍情形下，贸易自由化对企业成本加成存在的"资源优化配置效应"均显著小于贸易自由化对企业成本加成存在的"促进竞争效应"，这一情形就导致贸易自由化对企业成本加成的正向影响未能十分有效地显现出来，总体上，贸易自由化对企业成本加成的"促进竞争效应"得到显现，最终贸易自由化对企业成本加成的影响表现为负向作用。

通过上述影响机理的分析，这也就可以十分容易的解释，为什么部分已有研究中研究者（Hoekman 等，2001；Tybout，2003；Konings 等，2005）在对贸易自由化对企业成本加成的影响途径和内在机理的梳理过程中，大多仅考虑到了贸易自由化对企业成本加成存在显著的"促进竞争效应"这一负面影响，而未能观察到或者忽略了贸易自由化存在对企业成本加成"资源优化配置效应"这一正向影响。

在后续章节中，本书将就贸易自由化的直接表现形式，关税减让以及贸易自由化的制度演化对企业成本加成的影响分别进行内在机理的分析，并在此基础上得到研究假定，进而尝试为本书后续实证检验提供一个可靠的研究假定，并据此作为后续实证检验的研究方向。

第二节　关税减让影响企业成本加成的机制

关税减让作为一国贸易自由化的主要表现形式，众多的已有文献（余淼杰，2010；盛斌和毛其淋，2015；毛其淋和许家云，2015）中普遍采用进口关税来直接作为贸易自由化的衡量指标，可以发现，进口关税对于贸易自由化的衡量具有很好的权威性。那么，关税减让具体如何影响企业成本加成呢？关税减让影响企业成本加成的途径又是怎么样呢？

梳理关税减让影响企业成本加成的机制可以发现，关税减让影响企业成本加成的效应可以分为以下两个方面：

一、关税减让的促进竞争效应

首先，关税减让程度的提高将导致非本国企业进入本国市场时所面临的阻碍降低，增加了进入本国市场的外部企业数量，加剧本地企业所面临的竞争压力，导致企业成本加成的降低。容易理解，当本国关税减让程度提高时，即本国关税强度降低时，原本难以在本国市场销售的外部企业，也可能因为本国进入阻碍的减少，而得以顺利进入本国市场销售，并与本国市场中相同行业的企业展开市场竞争，而本国企业将有可能被迫与外部进入企业展开市场竞争，这一情形下，本国企业将很可能因为激烈的市场竞争而降低产品价格，在企业成本难以快速降低的情形下，激烈的市场竞争必将导致本国企业成本加成的降低。其次，关税减让还将导致外部企业进入本国市场的成本降低，使外部进入企业具有更好的价格成本优势，提升了外部企业的竞争力，本国企业受到的外部企业的冲击越发严重，这导致企业成本加成随之降低。现有研究多认可，对进口产品征收关税可以为本国企业提供保护，究其原因，对进口产品征收关税会导致外部进入企业的产品成本上升，随之进口产品的售价也提高，这一情形下，本国企业在市场上竞争的压力也随之减少，因而本国企业可以在市场上以相对较高的成本加成销售产品。与之相反，关税减让的实施将显著降低外部企业进入本国内部的成本，这就导致外部企业在进口本国市场的关税成本下降，随机实际销售成本降低，无形之中增加了外部企业的市场势力，而本国企业与外国企业竞争过程中面临的竞争压力随之增加，因而本国企业势必降低其企业成本加成才能应对外部企业进入带来的市场竞争，因此，贸易自由化将降低本地企业成本加成。

显然，通过上述两个途径关税减让显著增强了进入本国市场的外部企业的市场竞争力，导致本地企业所面临的市场竞争强度提高，本国市场的企业将被迫采取降价换取市场份额的策略来应对外部竞争，最终导致本国内部企业成本加成的降低。

二、关税减让的资源优化配置效应

毋庸置疑，关税减让可以通过改善本国内部资源配置效率，对本国内部企业的成本加成产生积极影响。普遍认为，整合的市场比由进口关税等贸易壁垒导致分割的市场具有更好的资源配置效率，当本国关税减让程度加大时，会带来本国内部市场的资源配置效率提高，这一情形下，可以确保本国企业通过更为高效的生产资料获取提升来降低产品成本。可以说明，随着关税减让程度的逐步提升，当本国企业产品销售价格不变的情形下，关税减让将有效提高本国市场的资源配置效率，降低本国企业生产成本，对本国企业成本加成产生提升作用。显然，这一影响效应与学术界的一般认识中，本国贸易自由化程度的提高可以通过优化本国市场资源配置效率这一途径有效地提升本国企业成本加成的内在机理是相一致的。

同时需要注意的是，关税减让程度提高有可能提高本地资源优化配置的效率，降低企业的生产成本，从而有效提升企业的成本加成，由于这一资源优化配置的作用，对本国和本地区所有企业同时起到降低成本的作用，这一情形有可能导致本国企业并不会在本地竞争中获取优势，因而，关税减让对资源配置效率的提高作用可能并不明显。特别是，当上述效应与其导致的促进竞争效应相对比时，这一效应将很可能变得更加不显著，因此，关税减让很可能最终阻碍本国企业成本加成的提升。

与此同时，本章第一节通过在古诺模型内部引入贸易自由化因素，系统研究了贸易自由化对企业成本加成的影响，其研究假设也已经证明，一国的企业成本加成与其贸易自由化程度呈负相关关系，贸易自由化程度越高，其国内企业成本加成越低；相反地，如果一国对外贸易中贸易自由化程度越低，相应地，其国内企业的成本加成将会越升。可以发现，进口关税减让导致的关税减让作为贸易自由化的主要衡量指标，在中国实际情景中，其对企业成本加成的影响与贸易自由化这一指标相较而言并未存在十分显著差异。

据此，本书可以得到以下研究假定：

假定2：进口关税的降低将显著降低本国企业成本加成，也就是说，关税减让不利于本国企业成本加成的提升。

当然具体关税减让具体如何影响中国制造业企业成本加成，仍然需要后续进一步采用设计严格的计量检验予以证明。

第三节　贸易自由化制度演化影响企业成本加成的机制

贸易自由化制度演化是影响贸易自由化的关键因素之一，本书从中国实际出发，分别选取贸易自由化制度演化的突变形式和逐步演化形式来对这一问题进行分析，通过对中国的实际进行分析，贸易自由化制度演化的突变形式本书采用的贸易自由化事件对其进行衡量，贸易自由化制度演化的逐步演化形式本书采用的政府补贴这一指标对其进行衡量。接下来，本书通过对贸易自由化制度演化的不同形式影响企业成本加成的内在机制进行分析，得到研究假定，为进一步后续实证检验提供机理基础和实证检验的方向。

一、贸易自由化事件影响企业成本加成的机制

贸易自由化事件作为贸易自由化制度演化的突变形式，学术界和实业界普遍认为，贸易自由化事件的突然发生将很可能导致大量外部企业涌入本国市场，并且贸易自由化事件导致的这一市场涌入普遍具有爆发式的特点，梳理与中国有关的贸易自由化事件，更多的研究者首先考虑到了 2001 年底中国加入WTO 这一贸易自由化事件。

中国加入 WTO 如何影响企业成本加成呢？梳理其中的内在途径，我们可以发现，这一事件在带来中国贸易自由化程度快速提高的同时，也可能使原本受到进口关税等贸易壁垒所保护的中国本土企业不得不在保护伞缺失的情形下独自面对外部企业的市场竞争，因而，中国加入 WTO 这一贸易自由化事件将很可能对受冲击企业的生产和运营均构成较大的负面影响。在中国加入 WTO 这一贸易自由化事件冲击下，受冲击行业内的本土企业所面临的外部市场竞争将进一步加剧，而企业在这一情形下将很可能疲于应付日益加剧的市场竞争，最终将被迫采取降低产品价格的方式来迎接市场竞争的策略，由于在短期内企业生产成本难以快速下降，企业降低产品价格来面对市场竞争的策略将最终导致企业成本加成的降低。其中，尤为值得注意的是，中国加入 WTO 这一贸易自由化事件的发生极为迅速，本国企业很难在短期内对贸易自由化程度的巨变进行适应，因而本国企业成本加成的降低可能是一种必然。无独有偶，Bottasso 和 Sembenelli（2001）及 Görg 和 Warzynski（2006）等研究基于不同贸易自由化事件对本国企业成本加成影响的研究也已经表明，贸易自由化事件通过快速加剧本国市场的竞争，导致本国企业成本加成的显著下降。

与此同时，由本章第一节中国贸易自由化对其企业成本加成影响的理论分析，关税减让影响企业成本加成的机制的分析也已经表明，贸易自由化对企业

成本加成均具有显著的降低作用，研究者均普遍认为，贸易自由化导致的促进竞争效应是贸易自由化对企业成本加成产生降低作用的关键所在。与上述作用机理极为类似，以中国加入 WTO 也可能对企业成本加成产生促进竞争效应，并且由于中国加入 WTO 这一贸易自由化事件是贸易自由化的突变形式，因而，中国加入 WTO 在影响企业成本加成方面很可能具有与贸易自由化程度提高相类似的作用。

根据上述分析，本书尝试提出以下研究假定：

假定 3：中国加入 WTO 这一贸易自由化事件将显著降低本国企业成本加成，也就是说，对企业成本加成构成显著的负面影响。

虽然上述研究机理分析中已经给出了较为可靠的结论，但是具体中国加入 WTO 如何影响中国制造业企业成本加成，仍然需要本书后续进一步采用设计严格的计量检验予以证明。

二、政府补贴影响企业成本加成的机制

政府补贴作为贸易自由化制度演化的逐渐演变形式，其如何影响企业成本加成呢？系统梳理政府补贴影响企业成本加成的内在机制，需要从政府补贴的目的和分配方式着手。一般来说，政府补贴作为各国政府普遍采用的一项产业政策，不同的国家为了各自的产业目标，均采取各种形式对相应的产业和企业给予政府补贴。

对中国政府补贴行为进行梳理和归纳不难发现，政府补贴使被补贴企业的生产成本有着一定程度的下降，政府补贴的一系列行为显著降低了这些企业的总体生产成本，其他条件保持稳定的情形下，来自政府补贴的帮扶显然降低了企业成本加成。特别地，随着中国逐步取消了禁止性关税，在 WTO 框架内政府给予企业的非禁止性补贴，对于企业成本加成的促进作用必然更为有效。

与此同时，由本章第一节中国贸易自由化对其企业成本加成影响的理论分

析，关税减让影响企业成本加成的机制的分析以及中国加入 WTO 影响企业成本加成的机制分析也已经表明，贸易自由化对企业成本加成均具有显著的降低作用，研究者普遍认为，贸易自由化导致的促进竞争效应是贸易自由化对企业成本加成产生降低作用的关键所在。与此同时，政府补贴作为典型的非关税贸易壁垒，政府补贴的强度与贸易自由化程度成反比，也就是说，政府补贴强度越高，贸易自由化程度越低。与上述作用机理相类似，政府补贴作为贸易自由化制度演化的逐步演变指标，实质上是一种典型的非关税贸易壁垒，而这一非关税贸易壁垒可以在一定程度上保护受补贴企业在与外部进入企业的市场竞争中占据成本优势，使本国企业在激烈的市场竞争中得以生存，因而，政府补贴在影响企业成本加成方面很可能具有与贸易自由化程度提高相类似的作用。

据此，我们提出本书研究假定 4：

假设 4：政府补贴促进了本国企业成本加成的提升。

当然具体政府补贴如何影响企业成本加成，仍然需要后续实证检验过程中本书进一步采用设计严格的计量检验予以证明。

第四章　中国制造业企业成本加成测算及特征性事实

根据第二章对企业成本加成相关概念的界定以及测算方法的系统梳理，本章对本书所采用企业成本加成测算方法进行了详细的阐述，并在此基础上进一步采用了中国工业企业数据中制造业企业数据作为研究样本精确测算了中国制造业企业成本加成，以求有效把握中国制造业企业成本加成的特征性事实。

第一节将以企业成本加成权威测算方法的解析为出发点，系统阐述了由 De Loecker 和 Warzynski（2012）提出的，并为当前研究者所广泛接受和采用的企业成本加成测算的权威方法，从而为进一步中国制造业企业成本加成特征性事实的客观评价提供理论基础。

第二节将在基于第一节企业成本加成测算方法的基础上，对企业成本加成测算过程中所采用数据的来源进行详细说明，并进一步就对如何对本书原始样本数据进行处理，以及这一样本数据自身可能存在的细节性问题进行阐述，最后，对制造业企业研究样本的选取依据、企业成本加成测算过程中使用的相关变量的设定问题进行详细介绍。

第三节将对中国制造业企业成本加成的特征性事实进行系统介绍，意图全面解析 1999~2007 年中国制造业企业成本加成的特征性事实，从而为接下来的实证研究提供数据基础，具体来说：本节将通过对中国制造业企业样本不同结构的样本划分，从总体样本、分行业样本、分地区样本、分所有制样本等多个层次分别解析各研究子样本中国制造业企业成本加成的典型特征，以求进一步描绘中国制造业企业成本加成的特征事实。

第一节　企业成本加成的测算方法

本书第二章文献述评中已经系统梳理了各种现有企业成本加成测算方法的利弊，由此可以发现，在众多研究者关于企业成本加成测算的已有尝试中，De Loecker 和 Warzynski（2012）提出的企业成本加成的测算方法作为生产函数法的延续和再发展具有良好的可靠性并且为研究者所广泛采用和认可。究其原因，De Loecker 和 Warzynski（2012）提出的企业成本加成的测算方法，不仅采用了 Olley 和 Pakes（1996）在测算企业生产率过程中控制代理变量的方法，可以充分考虑企业生产技术、消费者需求及市场结构可能对企业成本加成构成的影响，而且这一企业成本加成测算方法在应用其进行企业成本加成的具体测算时具有高度的灵活性，可以显著提高企业成本加成的测算效率。此外，这一方法还可以有效解决难以观测的企业生产要素投入差异对企业成本加成可能造成的影响，也正因为此项优点，De Loecker 和 Warzynski（2012）提出的企业成本加成的测算方法赢得了研究者的广泛采用和普遍认可（祝树金和张鹏辉，2015；任曙明和张静，2013；黄枫和吴纯杰，2013）。

基于上述企业成本加成测算方法的分析和梳理，与任曙明和张静（2013）、黄枫和吴纯杰（2013）、祝树金和张鹏辉（2015）、李胜旗和佟家栋（2016）等研究的做法相一致，本书同样选择采用 De Loecker 和 Warzynski

（2012）所设计的企业成本加成测方法，具体方法如下：

首先，本书假定企业 i 在时期 t 产品的生产技术符合以下生产函数：

$$Q_{it} = Q_{it}(X_{it}^1, \cdots, X_{it}^V, K_{it}, \omega_{it}) \tag{4-1}$$

由式（4-1）可以发现，企业的产品等生产过程主要依赖于 V 种可变要素的投入，包括资本、劳动等要素，而 K_{it} 则是企业 i 在时期 t 的已有资本，同时，Q_{it} 是二阶可微的生产函数，按照一般假定，本书同样假定企业在市场中的目标是追求其生产成本的最小化，依据上述研究假定，本书构建如下拉格朗日函数：

$$L(X_{it}^1, \cdots, X_{it}^V, K_{it}, \lambda_{it}) = \sum_{v=1}^{V} P_{it}^{X^v} X_{it}^v + r_{it}K_{it} + \lambda_{it}(Q_{it} - Q_{it}(X_{it}, K_{it}, \omega_{it})) \tag{4-2}$$

其中，P_{it}^X 为企业投入的各种可变要素的价格，r_{it} 为资本品价格。求解可变要素的一阶导数可以得到式（4-3）：

$$\frac{\partial L_{it}}{\partial X_{it}^v} = P_{it}^{X^v} - \lambda_{it}\frac{\partial Q_{it}(\cdot)}{\partial X_{it}^v} = 0 \tag{4-3}$$

其中，$\lambda_{it} = \frac{\partial L_{it}}{\partial Q_{it}}$ 为给定产出情形下产品的边际成本，通过对 $\lambda_{it} = \frac{\partial L_{it}}{\partial Q_{it}}$ 变形可以得到 $\frac{\partial Q_{it}}{\partial L_{it}} = \frac{1}{\lambda_{it}}$，在这一等式两侧同时乘以 $\frac{X_{it}^v}{Q_{it}}$，整理后可以得到：

$$\frac{\partial Q_{it}(\cdot)}{\partial X_{it}^v}\frac{X_{it}^v}{Q_{it}} = \frac{P_{it}}{\lambda_{it}}\frac{P_{it}^{X^v}X_{it}^v}{P_{it}Q_{it}} \tag{4-4}$$

依据模型中生产成本最小化的假定，可得，企业生产经营过程中最佳的投入选择是其要素投入的产出弹性等于各要素在其总生产成本中的占比，而式（4-4）与企业所处行业的市场类别以及产品在市场中的需求状况并未直接关联，公式左侧为可变生产要素 X_{it}^v 的产出弹性 $\frac{\partial Q_{it}(\cdot)}{\partial X_{it}^v}\frac{X_{it}^v}{Q_{it}}$，可以使用 θ_{it}^X 来表示，公式右侧的第二部分为可变生产要素 X_{it}^V 的支出成本占产品总销售额的比值，可以使用 $\alpha_{it}^{X^V}$ 来表示。总结上述转换，式（4-4）可以进一步转换为：

$$\theta_{it}^X = \frac{P_{it}}{\lambda_{it}} \alpha_{it}^{X^V} \tag{4-5}$$

一般情形下，企业成本加成可以采用企业产品价格与其边际成本的比值对其表示，本书设定企业成本加成为 $\mu_{it} = \dfrac{P_{it}}{\lambda_{it}}$，将其代入式（4-5），整理后可以得到企业成本加成的表达式，如式（4-6）所示：

$$\mu_{it} = \theta_{it}^{X^V} (\alpha_{it}^{X^V})^{-1} \tag{4-6}$$

由式（4-6）可知，企业成本加成等价于各可变要素的产出弹性与可变要素成本占产品销售总额比率的比值。也正因此，后续企业成本加成测算可以进一步分解为，求解可变投入要素的产出弹性和测算可变要素成本占产品销售总额比率。可变投入要素产出弹性的测算过程中，第一要务是估计企业生产函数，在此基础上，求解企业的产出弹性，出于对生产要素测算准确性的考虑，我们在对企业生产函数进行估算的过程中，需要重点关注同时性偏误可能带来的影响，在这一问题的解决方法方面，OP 法（Olley 和 Pakes，1996）和 LP 法（Levinsohn 和 Petrin，2003）是广泛采用的并且十分可靠的两个方法，在本书问题的使用中，相较而言 LP 法更为可靠，一方面，LP 法采用中间投入作为生产率的代理变量其调整速度比 OP 法中投资更为迅速，另一方面，本书将采用的数据为中国工业企业数据中中国制造业数据，这一数据中企业投资数据虽然可以计算得到，但是相较于中间投入，企业投资数据的缺失较为严重。最终，本书选择 LP 法来估算企业生产函数。

依据一般性的研究假定，设定各厂商生产参数均保持一致，同时技术均为希克斯中性，那么，产商的生产函数可以表示为式（4-7）：

$$Q_{it} = F(X_{it}^1, \cdots, X_{it}^V, K_{it}, \beta) \exp(\omega_{it}) \tag{4-7}$$

其中，β 为技术参数，ω_{it} 为企业生产率水平，采用 LP 法测算企业生产率，在这一过程中，可以随之得到企业技术参数的无偏估计以及企业的产出弹性。具体测算过程，本书采用与任曙明和张静（2013）一致的做法，以企业的劳动力投入作为对企业成本加成进行测算的关键要素。

此外，需要关注的是，企业所投入的劳动成本在其产品销售收入占比 α_{it}^{X} 的测算中，由于可以直接计算 $\hat{Q}_{it}$，而无法测算与企业相关的 α_{it}^{X} 和 Q_{it}，而且 $\hat{Q}_{it} = Q_{it} \exp(\varepsilon_{it})$，因此，$\alpha_{it}^{X}$ 的表达式可以修正为式（4-8）：

$$\hat{\alpha}_{it}^{X} = \frac{P_{it}^{X} X_{it}}{P_{it} \hat{Q}_{it} / \exp(\hat{\varepsilon}_{it})} \tag{4-8}$$

式（4-8）只关注了企业的劳动力投入对其产出造成的影响，其余各要素因此不会产生影响。通过式（4-6），我们可以把企业成本加成的测算公式修改为式（4-9）：

$$\hat{\mu}_{it} = \hat{\theta}_{it}^{X} (\hat{\alpha}_{it}^{X})^{-1} \tag{4-9}$$

第二节　中国制造业企业成本加成测算的数据处理

一、样本来源

本书后续实证分析过程中，将主要采用国家统计局维护的 1999~2007 年中国工业企业数据中的所有制造业企业数据作为主要研究样本，对制造业企业的成本加成进行具体测算，中国工业企业数据包含了中国全部国有工业企业以及年销售额在 500 万元以上的非国有工业企业。这一数据库的优点在于：一方面，这数据库的样本数据量比较大；另一方面，中国工业企业数据库中企业相关的指标相对较为齐全，其中具体包含了企业自身特征以及财务特征等 100 多项企业指标。同时，中国工业企业数据也是当前存在的具有较强说服力的微观企业数据，为学术界所广泛认可和使用。

考虑到中国工业企业数据自身可能存在的样本匹配混乱等问题，在进行具体数据处理之前，首先需要对中国工业企业原始数据进行匹配处理。在数据的具体匹配过程中，我们需要面对部分企业的企业代码丢失、企业代码重复甚至可能存在的企业兼并活动而导致的企业代码更换等一系列问题。特别是，为保证可以充分有效地利用中国工业企业数据库中的企业样本数据，本书采用了Brandt 等（2012）设计的，并且已经为当前研究者所认可和采用的样本数据匹配方法，来对现有历年中国工业企业数据进行匹配，这一数据匹配方法的优点在于，不仅可以充分利用中国工业企业数据中已有的企业代码信息，而且可以进一步有效利用企业名称、企业法人名称，以及企业属地的省地代码等一系列有效信息。这一方法的优点在于，本书通过采用 Brandt 等（2012）的数据匹配方法可以较好地纠正以往研究中被删除掉的企业代码缺失样本，以及受企业兼并等活动影响而无法准确识别的样本进行有效利用，较大幅度地提高样本数据的利用效率。为造福后续研究者，Brandt 等（2012）也分享了其提出并应用的逐年匹配方法的相关程序。

此外，在本书研究样本的具体选取过程中，由于 2002 年前后中国企业的行业分类标准进行了系统调整，因此，为保持本书样本分类的准确性，与已有研究的做法相一致，本书对研究样本的行业分类方法进行了统一处理，最终，本书采用以《国民经济行业分类与代码》（GB/T4754-2002）为分类标准的二位数行业代码来对本书研究样本进行行业划分。

二、数据处理

在中国工业企业数据的实际数据采集过程和整理过程中可能存在一些问

题，将可能导致国家统计局统计的历年中国工业企业数据中存在样本匹配混乱、指标大小异常、测量误差明显以及变量定义模糊等问题（聂辉华等，2012）。借鉴以往文献的通行做法，本书采用与 Cai 和 Liu（2009）、聂辉华等（2012）等相一致的中国工业企业数据处理的标准剔除程序对本书所采用样本的变量遗漏及异常值进行系统处理。具体来说：原始样本的标准化筛选过程中，本书与其他研究相一致，选择删除部分关键指标丢失的企业（如年平均员工人数，企业固定资产净值等缺失），删除员工人数少于 10 以及财务指标不符合会计准则的样本。为了有效排除企业成本加成指标可能存在异常值对本书研究结果可能造成的影响，在后续企业成本加成的具体测算过程中，在完成企业成本加成测算之后，本书对样本数据中该指标前后 1% 的企业进行截尾处理。

本书研究样本所在行业的具体选择方面，因为本书研究目的即为专注于中国制造业企业成本加成的研究，因此，本书保留了中国政府颁布和制定的《国民经济行业分类与代码》（GB/T4754-2002）中两位数行业代码中 13-41 的所有制造业企业。此外，需要注意的是，依据《国民经济行业分类与代码》（GB/T4754-2002）中的两位数行业代码对中国工业企业数据进行分类过程中可以发现，中国工业企业数据库未提供行业代码为 38 的企业样本，因此，本书研究样本未包含这一部分数据。

三、变量设定

本书采用国家统计局统计 1999~2007 年中国工业企业数据中所有的制造业企业数据对企业成本加成进行具体测算，并采用广为学者所认可和采用的 LP 法（Levinsohn 和 Petrin，2003）来测算企业生产率。企业生产率的具体估算过程中，我们采用了为现有文献广为认可的做法，以企业工业增加值衡量其总体产出，以企业年度平均从业人数来衡量企业劳动力投入总量，以企业工业中间投入合计衡量其中间品投入，采用企业固定资产总值衡量企业资本存量。

具体所涉及指标价格指数的平减过程中，本书采用了现有文献的一般做法：企业工业增加值、企业中间品投入等指标采用企业所在省份的工业品出厂价格指数对其进行平减；企业资本存量采用企业所在省份固定资产投资价格指数对其进行平减，各种价格平减指数均来自中经网统计数据库。

本书另一个关键指标企业劳动力成本占产品销售收入份额的具体计算过程中，由于中国工业企业数据中未能包含企业的非工资报酬，而如果仅使用本年应付工资和本年应付福利费作为企业的劳动成本往往可能对企业的实际劳动力成本造成一定程度的低估。同时，中国投入产出表（2007）和国民经济核算的统计数据已经表明，中国企业的实际劳动力成本约占其自身企业工业增加值的50%，因而，为了有效确保企业实际劳动力成本这一指标的可靠性，本书采用了与 Klenow 和 Hsieh（2009）、龚关和胡关亮（2013）等相一致的做法，将企业的劳动力成本按比例调整到其工业增加值的50%后再重新计算 α_{it}^{X}。

第三节　中国制造业企业成本加成的特征性事实

本章前两节系统地阐述了企业成本加成的测算方法、中国工业企业数据的处理方法以及相关变量的设定过程，在完成上述各项工作的基础上，本书精确测算了1999~2007年中国制造业企业成本加成。本节将进一步对中国制造业企业成本加成的各方面特征进行系统描述和分析，以求为本书进一步的经验分析提供一些有益的启示。接下来，本节将从中国制造业企业成本加成的总体趋势、分行业特征、分所有制特征及分区域特征等视角，在结合相关图表的基础上，分层次对中国制造业成本加成的特征性事实进行系统解析。

一、中国制造业企业成本加成演变的总体趋势

本节将首先对 1999~2007 年中国制造业企业成本加成的总体演变趋势进行简要的描述，在采用本章前面部分的企业成本加成的测算方法对中国制造业企业成本加成进行测算的基础上，图 4-1 显示了 1999~2007 年中国制造业企业成本加成均值的总体演变趋势，可以发现，1999~2007 年中国制造业企业成本加成呈现一个总体上升但也呈现波动的演变趋势。

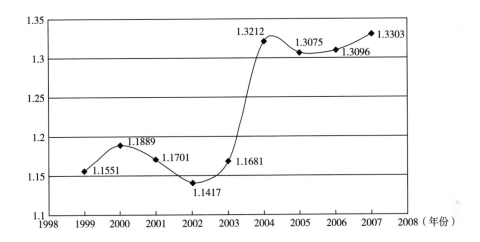

图 4-1 1999~2007 年中国制造业企业成本加成的总体演变趋势

资料来源：笔者根据中国工业企业数据测算得到。

由图 4-1 可以发现，1999~2000 年中国制造业企业成本加成呈现逐渐上升态势，但这一情形并不持久，紧接着，以 2001 年中国加入 WTO 为界限，2002 年中国制造业企业成本加成显著降低，这一现象可以说明加入 WTO 后中国制造业企业成本加成受到了一定程度的外在冲击，这一演变态势与学术界普遍的观点是相一致的，中国加入 WTO 对国内市场来说存在一定的促进竞争效应，

这将导致本国企业面临更为激烈的竞争，由于在较短时期内企业降低自身成本存在较大困难，面对激烈的外部竞争，中国制造业企业所采用策略较少，因此只能降低企业自身成本加成来与外部企业进行竞争，进而导致企业成本加成的降低。自 2003 年开始，中国制造业企业成本加成逐渐提升，可以理解为中国制造业企业在加入 WTO 后的冲击中逐渐适应，企业自身竞争实力不断提升，因此，企业不再单单依靠降低企业成本加成与外部企业进行竞争，企业成本加成得到提升。2004 年以后，中国制造业企业成本加成达到了一定程度，经济环境稳定，企业成本加成也保持在一个较高的水平，因此，2004~2007 年中国制造业企业成本加成的波动较小，且均维持在一个较高的平均水平上。

二、中国制造业企业成本加成的行业特征

为了有效解析不同行业的企业中中国制造业企业成本加成所具有的特征，接下来，本书就中国制造业企业成本加成的行业特征进行详细解析。表 4-1 显示了以《国民经济行业分类与代码》（GB/T4754-2002）为标准的各二分位行业中企业成本加成的均值（本书附表 4-1 中进一步报告了 1999~2007 年不同年度分行业的企业成本加成均值，以供参考），可以发现，在表 4-1 中，1999-2007 年中国制造业企业中不同行业类型企业的成本加成均值存在较大差异，其中，农副食品加工业，纺织业，石油加工、炼焦及核燃料加工业，黑色金属冶炼及压延加工业以及有色金属冶炼及压延加工业等行业的企业成本加成处于较高的水平，这一现象与大家的一般认识是相符合的，这与 1999~2007 年中国制造业企业的生存现状也是相一致的。特别地，可以发现这一时期黑色金属冶炼及压延加工业行业中企业成本加成较高，也正因为此，这一时期以钢铁行业为代表的黑色金属冶炼及压延加工企业得到了迅猛发展，甚至出现了盲目不计后果地扩大规模，这也可以部分说明为什么这一时期河北等省份钢铁行业大规模投资，并且最终导致现如今钢铁产业严重产能过剩。与钢铁等行业相

对应的是，这一时期饮料制造业、烟草制造业、医药制造业以及非金属矿物制品业等行业的企业成本加成处在一个较低的水平，当然出现这一现象也有可能是与这些行业自身的特征有关。此外，其余行业的企业成本加成均值则处于上述两者之间，并且未体现出十分鲜明的行业特征。

表4-1 分行业类型企业成本加成的典型特征

行业代码	行业名称	企业成本加成均值
13	农副食品加工业	1.4045
14	食品制造业	1.2450
15	饮料制造业	1.0726
16	烟草制品业	1.0436
17	纺织业	1.3226
18	纺织服装、鞋、帽制造业	1.1607
19	皮革、毛皮、羽毛（绒）及其制品业	1.2129
20	木材加工及木、竹、藤、棕、草制品业	1.2208
21	家具制造业	1.2594
22	造纸及纸制品业	1.3007
23	印刷业和记录媒介的复制	1.1265
24	文教体育用品制造业	1.2169
25	石油加工、炼焦及核燃料加工业	1.3704
26	化学原料及化学制品制造业	1.3095
27	医药制造业	1.0622
28	化学纤维制造业	1.5175
29	橡胶制品业	1.1747
30	塑料制品业	1.3369
31	非金属矿物制品业	1.0979
32	黑色金属冶炼及压延加工业	1.4376
33	有色金属冶炼及压延加工业	1.4933
34	金属制品业	1.2963
35	通用设备制造业	1.2049
36	专用设备制造业	1.1612

行业代码	行业名称	企业成本加成均值
37	交通运输设备制造业	1.2461
39	电气机械及器材制造业	1.3189
40	通信设备、计算机及其他电子设备	1.2615
41	仪器仪表及文化、办公用机械制造业	1.1814

资料来源：笔者根据中国工业企业数据测算得到。

三、中国制造业企业成本加成的所有制特征

所有制不同是导致企业特征存在差异的重要动因，为厘清中国制造业企业成本加成的所有制特征，本书将样本研究划分为不同所有制样本进行对比说明。本书采用与盛丹和王永进（2012）相一致的企业所有制分类方法，根据中国工业企业数据库中企业的实际登记注册类型，将企业划分为国有企业、民营企业、外资企业以及港澳台企业四个所有制类型，来分别观察其企业成本加成特征。图4-2具体显示了不同所有制样本企业成本加成的演变趋势。

由图4-2可以发现，本书样本期间不同所有制特征企业的成本加成演变趋势是基本相同的，这也与图4-1中国制造业企业成本加成总体演变趋势是相一致的，间接验证了本书数据的可靠性。由不同所有制企业成本加成的比较可以发现，1999~2002年这一阶段，港澳台企业与外资企业的成本加成显著高于国有企业与民营企业，这与人们一般认识是一致的。值得注意的是，随着中国加入WTO，这一差距逐渐降低，2004年国有企业与民营企业的成本加成已经超越了外资企业与港澳台企业，这说明，本土企业的竞争能力在不断的提升，并且已经具有较强的竞争能力，2005年开始，各所有制企业成本加成逐渐呈收敛趋势，在2005年中期甚至已经达到基本一致，而后，港澳

台企业成本加成逐渐不具备优势，其他三个所有制特征的企业则逐渐收敛，并处于较高的水平。

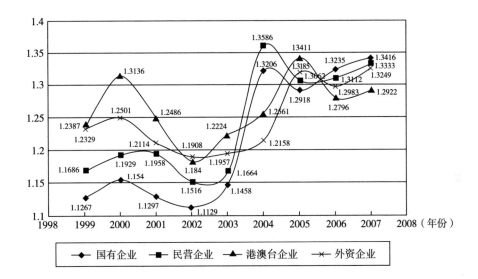

图4-2　1999~2007年中国制造业企业成本加成的所有制特征

资料来源：笔者根据中国工业企业数据测算得到。

四、中国制造业企业成本加成的区域特征

区域差异可能成为企业成本加成存在差异的影响因素，为有效考察中国不同区域中制造业企业成本加成的差异性，本书进一步采用国家"七五"计划中正式公布并且沿用至今的区域划分方法，将中国制造业企业样本划分为东部地区、中部地区与西部地区三个子样本分别作图，并通过对分区域子样本中制造业企业成本加成演变趋势的对比分析来系统考察中国制造业企业成本加成的区域差异，图4-3显示了中国制造业企业成本加成的区域特征。

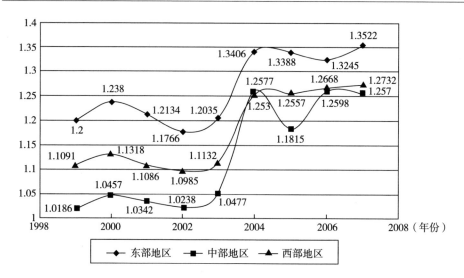

图 4-3　1999~2007 年中国制造业企业成本加成的区域特征

资料来源：笔者根据中国工业企业数据测算得到。

由图 4-3 可以发现，虽然不同地区的制造业企业成本加成存在显著差异，但是各地区样本中企业成本加成的演变趋势均与图 4-1 中制造业企业成本加成总体样本的演变趋势相一致。具体涉及东中西各分地区中，东部地区制造业企业成本加成最高，并且样本期间东部地区一直保持企业成本加成的这一优势，相对应地，中部地区与西部地区制造业企业成本加成则相对较低。值得注意的是，1999~2004 年西部地区企业成本加成显著高于中部地区，这说明，就企业成本加成方面来说，中部地区与西部地区企业相较而言并没有优势。这一现象与人们的一般认识可能存在一定的反差，究其原因，我们认为这与西部地区的地理位置以及实际地方保护程度存在较大的关联，一方面，由于西部地区位置较为偏远，其他地区企业进入该地区进行销售时所承担的冰山成本较大，这就导致本地企业所面临的市场竞争强度较低，因而，企业获取较高成本加成的能力较大；另一方面，西部地区由于经济发展相对较为落后，众多企业为地方经济的支柱，企业话语权进一步提升，这一情形就迫使地方政府和官员为了本地利益而给予本地企业更高的地方保护强度，这也导致本地企业在本地市场所受到的外部竞争进一步降低，企业成本加成进一步提高。2004 年以后，中西部地区企业成本加成逐渐收敛，但都与东部地区的企业成本加成存在一定的差距，一方面由于地方政府发展思路的转变，国内市场化进程的逐渐提升，中西部地区逐渐开放，企业参与市场竞争的程度提升，企业成本加成逐渐趋于市场化程度；另一方面，相对于东部地区，由于中西部地区企业的自身竞争力有限，因而，中西部地区企业成本加成依然低于东部地区，这一现象与一般认识也是相一致的。

由图 4-3 中国制造业企业成本加成的分区域特征事实不难发现，相较于东部地区，中西部地区制造业企业成本加成的均值依然较低，显然，在中国制造业产业的未来发展过程中，产业政策应该着力于如何更为有效地提升中西部地区制造业企业成本加成，进而降低中西部地区与东部地区的企业成本加成差距，降低制造业发展的区域差异，实现制造业产业发展的平衡发展，值得政府和研究者展开进一步的研究和探讨。

第五章　关税减让对企业
成本加成的影响

　　通过对本书第三章贸易自由化影响企业成本加成机制的总结和梳理发现，关税减让将可能显著降低本国国内企业的成本加成。究其原因，一方面，关税减让将导致外部企业进入本国市场时所面临的阻碍降低，增加进入本国市场的外部企业数量；另一方面，关税减让还将导致外部企业进入本国市场的冰山成本降低，使此类企业具有更好的价格成本优势。通过上述两个途径，关税减让增强了外部进入企业的竞争力，这将本地企业推向更为激烈的市场竞争，本地企业出于在市场中增加或者保住市场份额的考虑被迫采取"薄利多销"策略，最终导致本地企业成本加成的降低。

　　本章实证检验过程中，将以 1999～2005 年中国制造业企业数据为样本，在考虑中国制造业企业成本加成实际特征事实的前提下，从总体样本、行业样本、地区样本、所有制样本、不同企业规模等层面分别通过经验分析厘清贸易自由化对企业成本加成的影响，以期有效厘清关税减让对中国制造业企业成本加成的影响。在具体的实证检验过程中，本书在上述样本分类检验的基础上，为降低内生性问题对本书实证结论造成的影响，在本书后续实证检验中，同时采用工具变量法对这一问题进行了处理，一系列实证研究结果均表明，关税减让有效降低了企业成本加成，并且这一研究结论在各分样本、工具变量检验中均是十分稳健的，本书研究结论将为未来中国政府相关政策的制定提供了一些有益的启示。

本章内容安排如下：第一节为特征性事实与研究假设，主要将就中国制造业行业进口关税的特征性事实进行描述；第二节为关税减让影响企业成本加成的研究设计，具体对模型设定、数据处理与变量设定等进行阐述，提出本书的实证思路；第三节为关税减让对企业成本加成影响的实证分析，在对本书第三章研究假定进行检验的同时，为中国贸易自由化对其企业成本加成的影响的研究提供一个有利的研究解释。

第一节　中国制造业进口关税的特征性事实

本书第二章文献综述部分通过梳理和归纳现有文献中的各种贸易自由化测算方法，研究发现，采用关税法测算一国的贸易自由化程度可以较为有效地提升本书所测算的贸易自由化指标的可靠性和稳定性，同时，考虑到本书测算行业关税水平的原始数据为 HS6 分位数据，在贸易自由化指标的具体测算过程中，本书将采用与毛其淋和盛斌（2014）、Lu 和 Yu（2015）等相一致的关税法，对中国分行业的贸易自由化程度进行测算。

在采用关税法对中国贸易自由化指标进行测算的基础上，图5-1 具体显示了 1999~2005 年中国制造业进口关税均值的演变趋势。由图 5-1 中进口关税的演变趋势可以发现，整体特征上，中国制造业进口关税呈现一个显著下降的整体趋势，并且进口关税的降低过程呈现"先小后大再小"的特点，这一特征与中国进口关税的实际情况是相符合的，学术界和实业界均普遍认为，在中国加入 WTO 的前后，各行业产品的进口关税税率有着一个较大的下降幅度，这一特征主要体现在 2002 年前后的关税下降幅度较大，而图 5-1 也显示了这一典型特征。

通过分析中国进口关税的均值的区间特征可知，以 1999 年为起始点，中国制造业行业的进口关税呈逐年下降特征，截至 2005 年末，中国制造业行业的进口关税已经相对较低，中国的贸易自由化程度随之大幅度提高，这一特征与中国的现实以及学术界的一般认识也是相契合的。分析其中变化特点，可以发现，1999~2000 年这一时期，中国进口关税水平保持小幅度减让状态，中国进口关税整体税率比较稳定。此后，2001 年为与中国入世谈判相配合，并且努力争取符合 WTO 对其成员国的要求，这一期间中国进口关税水平下降较为剧烈，而随着中国于 2001 年 11 月正式加入 WTO，为履行中国加入 WTO 的减税承诺，并且逐步满足 WTO 的进口关税规定，自 2002 年起中国关税水平急剧下降，由图 5-1 可以看到，相较于 2001 年，2002 年中国制造业行业进口关税的均值有一个高达约22%的下降幅度，并且中国制造业行业的关税均值已经下降到约13%这一较低水平，这一现象也在一定程度上体现了中国政府积极履行加入 WTO 承诺以及承担 WTO 成员国责任的良好态度。

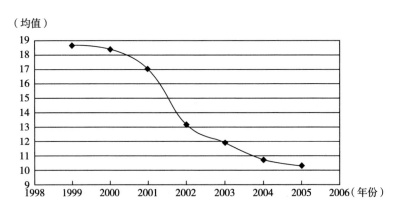

图 5-1　1999~2005 年中国制造业进口关税均值

资料来源：笔者根据 1999~2005 年中国制造业行业进口关税测算得到。

显然，中国的关税减让额度并非仅通过 2002 年一年的减税完成，同样因为逐步履行中国加入 WTO 的承诺等缘故，2003～2005 年中国进口关税呈现出一个逐步降低的趋势，但是，也应该发现，相对于 2002 年，这一降低幅度已经逐渐趋于和缓。分析产生这一现象的主要原因发现，2001 年 11 月中国正式加入 WTO 起，直到 2005 年，这一期间中国政府主要在执行中国加入 WTO 关税减让协议，这一协议要求中国正式加入 WTO 之后至 2004 年需要完成减税协议（Lu 和 Yu，2015），但是中国政府最大幅度的关税减让是在 2002 年进行，虽然随后年份中国政府的进口关税减让这一行为依然逐步进行，但随着中国加入 WTO 相关减税协议的逐渐履行，中国进口产品的关税税率已经降低到了一个相对较低的水平，在这一情形下，中国进口产品关税进一步减让的幅度和降低空间已然较小，这一特征事实也进一步证明了，为什么图 5-1 中出现 2003～2005 年中国进口关税均值的降低幅度相对较小这一现象。

第二节　关税减让影响企业成本加成的研究设计

一、模型设定

为检验关税减让如何影响企业成本加成，在考虑研究假设以及已有相关文献分析的基础上，本书将基本计量模型设定如式（5-1）：

$$\text{markup}_{\alpha\delta it} = \beta_0 + \beta_1 \text{tariff}_{\delta t} + \beta_2 \text{controls}_{\alpha\delta it} + \lambda_\alpha + \lambda_\delta + \lambda_t + \mu_{\alpha\delta it} \tag{5-1}$$

其中，α、δ、i、t 分别表示企业所处的地区、行业、企业和年份，$\text{markup}_{\alpha\delta it}$ 表示企业成本加成，$\text{tariff}_{\alpha t}$ 为进口关税水平，由于进口关税与关税减让程度存在负相关关系，因此，进口关税的水平越高则表示该行业的关税减让程度越低，反之亦然。其中，controls$_{\alpha\delta it}$ 表示样本企业特征及所处行业和地区特征等一系列控制变量的集合，λ_α、λ_δ、λ_t 分别是省份固定效应、行业固定效应和年份固定效应，$\mu_{\alpha\delta it}$ 为随机扰动项。

二、数据处理

本章研究样本来自国家统计局维护的 1999～2005 年中国工业企业数据中所有的制造业企业数据。这一数据包含全部国有工业企业样本以及企业年销售额大于 500 万元的非国有工业企业，是目前样本量较大的微观企业数据，其样本中企业特征指标以及财务指标相对较为齐全，同时，作为政府采集数据，数据采集方法和采集过程均较为可靠，是目前已知的具有较强说服力的微观企业样本。

考虑中国工业企业数据库中样本数据存在的企业代码缺失等一系列问题，在进行设计严格的计量检验之前，本书首先需要对原始样本数据进行精确匹配。在样本匹配过程中，考虑原始样本中部分企业的企业代码丢失等问题，为保证计量检验过程中可以较为有效地提升数据利用率，本书借鉴了 Brandt 等（2012）提出的逐年数据匹配方法对本书原始数据进行精确匹配，Brandt 等（2012）设计和采用的数据匹配方法具有其他方法所不具有的一些优点，其中最关键的在于这一方法不仅可以充分利用企业代码的这一常用信息，还可以进一步利用企业名称、电话号码等企业其他可靠的独有特征，通过这种方法可以将以往数据匹配中无法使用的无企业代码的样本，以及受企业兼并等活动影响的无法准确识别的样本进行了有效利用。Brandt 等（2012）也分享了其提出的逐年匹配方法的具体程序。

研究样本企业的具体行业选取过程中，本书将首先采用以《国民经济行业分类与代码》（GB/T4754-2002）中二位数行业代码来对本书研究样本进行划分。更进一步地，本章研究样本所在行业的具体选择方面，由于本书研究目的专注于中国制造业企业成本加成的研究，因此，本书保留了以《国民经济行业分类与代码》（GB/T4754-2002）为标准的两位数行业代码中13-41的所有制造业企业样本，此外，值得注意的是，中国工业企业数据库中原始数据未提供行业代码为38的样本，因此本章研究样本中未包含这一部分数据。

为处理中国工业企业原始数据中存在的样本匹配混乱等问题（聂辉华等，2012），本书借鉴了以往文献的通行做法，采用与 Cai 和 Liu（2009）、聂辉华等（2012）等一致的标准剔除方法和步骤对本书原始样本中存在的变量遗漏等各类问题展开处理。具体来说，样本剔除和选择中，本书剔除了年度平均员工人数等关键指标缺失，年均平均员工人数小于10，以及利润率大于1等不符合标准会计准则的样本。同时，为了排除异常值对本书研究结果可能造成的影响，本书在企业成本加成结果测算完成后，将对研究样本按照企业成本加成的数值大小进行排序，并且对位于企业成本加成前后1%的研究样本进行截尾处理。

三、变量设定

本章模型设定与实证分析过程中所采用主要变量以及相关控制变量的具体设定方法以及相应变量的选择依据如下：

（一）主要变量

1. 企业成本加成（markup）

为了确保后续实证研究结果的可靠性与稳定性，通过梳理和分析已有文献中企业成本加成测算方法，本书选择与 De Loecker 和 Warzynski（2012）一致的方法，对企业成本加成进行测算。本书所采用企业成本加成方法的具体测算方法介绍、数据处理以及测算过程可以参见第四章内容。

2. 进口关税（tariff）

进口关税作为本书主要解释变量，其测算结果的可靠性尤为关键，由于进口关税与关税减让之间呈负相关关系，因此，进口关税水平越高则意味着贸易自由化程度越低，反之亦然。贸易自由化指标的测算方法种类繁多，并各有应用，由于本书所采用的关税原始指标为 HS6 分位数据，具体进口关税衡量方面，结合本书原始关税数据的自身特征，选择采用与毛其淋和盛斌（2014）、Lu 和 Yu（2015）相一致的关税法对企业进行测算。特别地，谨慎起见，为有效降低加权权重对最终进口关税指标的影响，在贸易自由化指标的测算和随后的计量检验过程中，本书将同时采用四位数行业和两位数行业的进口产品关税数据对中国分行业的贸易自由化程度进行度量，从而有效确保本书研究结论的可靠性。

本书进口关税指标的具体测算过程包括以下三步：

第一步，本书所采用进口关税的原始数据均源自 WTO 官方网站，其中，WTO 官网中可使用数据样本区间为 1996~1997 年及 2001 年以后，考虑到面板数据的完整性，我们以 1998~2000 年世界银行的进口关税数据对其进行补充。

第二步，我们将世界银行 1998~2000 年 HS8 位数代码的关税数据，合并为 HS6 位码，同时，这一环节得到数据的协调编码版本为 HS1996 版本，而相对应的 2001~2005 年数据的协调编码为 HS2002 版本，为了进一步统一版本要求，后续过程中本书进一步使用联合国统计司 HS1996 与 HS2002 的代码转换表来对世界银行数据展开转换，最终将关税数据转换为 HS2002 版本下 HS6 位码关税数据。

第三步，处于与中国工业企业数据相匹配的考虑，本书将 HS2002 产品代码统一转化为《国民经济行业分类与代码》（GB/T4754-2002）中的分类标准，进而通过关税法求解得到行业关税均值。为了有效弥补关税均值处理可能存在的误差，本书分别获取了《国民经济行业分类与代码》（GB/T4754-2002）标准下的两位数和四位数代码的中国分行业进口关税指标，以此对中国贸易自由化进行衡量，分别用 tariff2 和 tariff4 对其进行标识，后续实证检验过程中，本书将分别使用这两组数据进行计量分析。

为了更为直观地展现中国制造业企业进口产品关税的特征，本书在附表5-1中报告了部分两位数行业代码下的进口关税测算结果。

（二）其余控制变量

考虑其他变量可能对企业成本加成造成的影响，本书在计量模型中添加了以下控制变量：

1. 企业生产率（TFP）

企业生产率将在多个方面影响其企业成本加成。现有文献中微观企业数据的企业生产率估算方法主要包括固定效应、半参数方法和 GMM 等方法（鲁晓东和连玉君，2012），其中，OP 法（Olley 和 Pakes，1996）作为较早提出的半参数方法，可以更好地解决内生性和选择性偏误的问题，为诸多研究者所接受（刘巳洋等，2009；聂辉华和贾瑞雪，2011），然而，由于 OP 法在对企业生产率进行测算过程中选择使用企业投资作为生产率的代理变量，考虑到中国工业企业数据中多数企业年度投资额缺失引起的样本丢失问题[1]，Levinsohn 和 Petrin（2003）提出了采用中间投入品作为企业生产率代理变量的 LP 法，这一方法的应用有效地提高了中国工业企业数中样本的使用率，受到了诸多研究者的欢迎（张杰等，2010）。考虑到研究样本的使用率问题，本书同样选择使用 LP 法对企业生产率进行测算。具体 LP 法测算企业生产率过程中，本书以企业的工业增加值来衡量其产出，以企业的年度从业人员均值衡量其劳动投入，以企业的工业中间投入合计衡量其中间投入品，并以企业固定资产总值衡量其资本存量。

---

[1]　由于 OP 法估算企业全要素生产率采用投资作为可观测生产率的代理变量，鲁晓东和连玉君（2012）对 1999~2007 年样本数据处理时发现仅有 44% 的企业有对应的投资数据，由于本书采用的数据匹配方法更为精确，本书样本数据中约有 49.96% 的样本中存在对应的投资数据，但求解的企业全要素生产率值的数据特征基本一致。

2. 企业规模（scale）

企业规模带来的规模经济是影响企业成本加成的重要因素，本书第三章中不同规模企业成本加成典型特征也表明，企业规模与企业成本加成构成显著影响。此外，已有研究中 Bellone 等（2008）和 Atkin 等（2015）也均证明企业规模对企业成本加成构成十分重要的影响。企业规模的衡量过程中，本书依据权威文献的做法以企业年度平均员工人数对其展开衡量（张杰等，2010）。

3. 企业盈利状况（profit）

一般来说，企业盈利可以有效地反映其现金流状况，而现金流状况又反映了企业融资约束强度，这关系着企业扩大生产规模以及推进新技术采用的能力，从而可以较好地影响企业成本加成；同时，企业盈利状况又是对这一企业自身成本加成的直接反映，众多研究已经表明，企业成本加成对于企业的贸易利得等构成很好的反映；反过来说，企业贸易利得也在一定程度上反映了企业的成本加成，而企业盈利状况又是反映企业贸易利得的重要指标，从上述两个方面来看，企业盈利状况都是将对企业成本加成构成显著影响。为了在有效考察企业实际盈利情况的同时，有效处理企业规模带来的影响，本书根据以往研究中普遍采用的做法，以企业利润占其产品销售总额的比例来对其展开衡量。

4. 企业工资水平（wage）

一方面，企业工资水平是企业产业价值链分工位置的有效反应，中国实际情形中，仍然存在诸多代工企业以及初级加工企业，这些企业的平均工资依然处在低位，因而工资水平不同的企业其企业成本加成水平可能存在较大的差异；另一方面，企业工资水平也在一定程度上反映了企业实际的贸易利得，一般来说企业的贸易利得与企业员工的收益成正比，而企业的贸易利得在一定程度上反映了企业成本加成的大小，而已有研究也认为企业成本加成对其贸易利得有着很好的衡量（钱学锋和范冬梅，2015），因此，企业工资水平可以通过以上途径影响其成本加成。企业工资水平的具体衡量过程中，本书借鉴现有权威文献的一般做法，以企业年度应付工资总额与其年度平均员工人数之比对其进行衡量。

5. 企业经营年限（age）

企业经营年限在一定程度可以反映企业的实际经营管理成熟程度以及企业的厂房和设备等资产的实际情况，如果企业经营年限过长则容易导致其经营疲乏，其生产设备也容易老化，从这些角度来看，企业经营年限因素势必将对企业在其行业市场中话语权以及市场势力构成显著的影响，进而，企业经营年限将在一定程度上对企业的成本加成造成影响。为了有效控制企业经营年限对本文实证结果可能造成的影响，本书采用已有研究中的通行做法，以年度与其建立年度的差值来对其进行衡量。

6. 行业竞争强度（HHI）

行业的竞争强度可以一定程度上有效反映企业所处行业的行业特征，这一指标的衡量较为成熟，多数文献采用行业的赫芬达尔指数来对其进行衡量（魏浩，2016），并且企业所处行业的竞争强度也对其盈利能力构成影响，一般来说，企业所处行业的竞争强度越强则企业的成本加成越低，与此同时，部分现有研究也已经证明其企业所处行业的竞争强度对企业成本加成构成了十分显著的影响（盛丹和王永进，2012；任曙明和张静，2013），为了对企业所处行业的竞争强度进行有效衡量，与已有研究（盛丹和王永进，2012）对赫芬达尔指数的设定相一致，本书以四位数行业的企业销售收入测算的赫芬达尔指数来对其进行衡量。

7. 地区市场化（market）

地区市场化是企业所处地区整体市场环境的一个有效反映，控制这一因素可以有效控制未能考虑到的地方特征因素对本书研究结论可能造成的影响。本书采用市场化进程指标作为地区市场化的替代变量，具体指标的设定过程中，本书借鉴了毛其淋和盛斌（2012）对市场化进程指标的构建方法，具体来说：

由于市场分割程度与本地市场化进程存在负相关，在通过测算获得市场分割指数（segment）的基础上，本书取得市场分割指数的倒数来对市场化进程进行表述，详细来说，本书采用与毛其淋和盛斌（2012）相一致的做法，将市场化进程指数（market）表示为 market = ［1/segment］$^{1/2}$，其中，所采用市场分割指数的测算过程中，本书借鉴 Parsley 和 Wei（1996、2001）、桂琦寒等（2006）等做法以相对价格的波动来衡量地区市场分割程度。原始数据方面，考虑到诸多产品的指标缺失，通过筛选最终选择粮食、油脂、水产品、饮料烟酒、服装鞋帽、纺织品、化妆品、日用品、燃料九类产品原始指标来对市场分割进行衡量。同时，我们采用现有学者采用的方法，以接壤省份间的产品相对价格方差来对市场分割程度进行衡量（陈敏等，2008），其中，海南由于地理位置的特殊、西藏因为部分数据缺失故均被剔除，另外，考虑到港澳台数据存在的统计口径差异，本书同样剔除了港澳台数据，最终，原始数据包含了1999~2005 年 29 个省级区域的 9 类商品，相关数据均来自《中国统计年鉴》。特别地，由于海南与西藏两省企业数目本身也较少，因此对本书样本数量构成的影响较小。

本书采用与 Parsley 和 Wei（1996，2001）、桂琦寒等（2006）等相一致的市场分割测算方法。具体测算过程如下：

我们逐一计算出各相邻省份商品的相对价格 ΔQ_{ijt}^k，由于分地区商品零售价格指数为环比形式，相对价格 ΔQ_{ijt}^k 绝对值可以表述为式（5-2）：

$$\left| \Delta Q_{ijt}^k \right| = \left| \ln(P_{it}^k/P_{jt}^k) - \ln(P_{it-1}^k/P_{jt-1}^k) \right| = \left| \ln(P_{it}^k/P_{it-1}^k) - \ln(P_{jt}^k/P_{jt-1}^k) \right| \qquad (5-2)$$

其中，k 为产品种类，i、j 分别表示两个相邻省份，通过对 ΔQ_{ijt}^k 取绝对值形式可以避免两地位置变化引起的符号变化，最终得到 65 组配对省份 9 年的时序数据。

此外，考虑到 $\left| \Delta Q_{ijt}^k \right|$ 中没有剔除产品种类效应，容易造成对两地市场分割

程度的高估，在得到相邻省份商品的相对价格 ΔQ_{ijt}^{k} 后，我们采用去除同年份该类产品均值的方法消除产品种类效应的影响，实际的相对价格变动 q_{ijt}^{k} 为式 (5-3)：

$$q_{ijt}^{k} = |\Delta Q_{ijt}^{k}| - |\Delta Q_{t}^{k}| \tag{5-3}$$

采用 q_{ijt}^{k} 计算相对价格变动的方差，进而得到市场分割指数这一无量纲数据。

四、主要数据特征和解释变量相关性分析

表5-1报告了本书主要变量的描述性统计值。

表5-1 主要变量描述性统计值

变量符号	变量含义	样本数	均值	标准差	最小值	中位数	最大值
markup	企业成本加成	1040759	1.222	0.794	0.266	1.082	6.773
tariff2	二分位进口关税	1040759	13.58	6.317	3.4636	13.43	54.5
tariff4	四分位进口关税	1001005	13.72	9.174	0	11.50	65
TFP	企业生产率	1040759	4.074	0.732	1.468	4.177	6.438
wage	企业工资水平	1040759	10.817	9.355	0.0203	11.04	2838
scale	企业规模	1040759	219.94	374.97	10	100	52100
profit	企业盈利状况	1040759	0.0237	0.143	−26.494	0.0255	48.24
age	企业经营年限	1040759	11.194	11.345	1	7	106
HHI	行业竞争强度	1040759	0.0008	0.0017	0.00	0.0004	0.2130
market	地区市场化	1040759	8.063	1.196	4.539	8.808	11.056

资料来源：笔者根据1999~2005年中国制造业企业数据测算得到。

表5-2报告了经验分析中主要解释变量的相关系数矩阵，从表5-2中可以发现，本书所有主要解释变量间相关系数的绝对值均小于0.3，这说明主要解释变量之间不存在相关系数过大的情况。

表 5-2　主要解释变量相关性分析

变量	Tariff4	TFP	wage	scale	profit	age	HHI	market
tariff4	1							
TFP	−0.039	1						
wage	−0.112	0.250	1					
scale	0.074	0.297	−0.0510	1				
profit	−0.025	0.203	0.0518	−0.0300	1			
age	0.013	−0.015	−0.068	0.232	−0.0109	1		
HHI	−0.064	−0.011	−0.032	0.003	0.004	0.035	1	
market	−0.005	0.088	−0.030	−0.035	0.045	−0.078	−0.012	1

资料来源：笔者根据 1999~2005 年中国制造业企业数据测算得到。

为进一步验证上述结果的可靠性，表 5-3 通过估计主要解释变量的 VIF 数值（方差膨胀因子）来检查本书模型设定是否可能存在多重共线性，VIF 越大则表示多重共线性问题越严重。表 5-3 的结果显示，$\max \{vif_1, \cdots, vif_k\}$ = 1.23，均显著小于经验法则要求的最低数值 10，因此，可以有效排除模型中存在本书模型多重共线性的可能。

表 5-3　主要解释变量 VIF 值

变量	方差膨胀因子（VIF）	1/VIF
tariff4	1.02	0.981224
TFP	1.23	0.810325
wage	1.09	0.914978
scale	1.19	0.843733
profit	1.07	0.934419
age	1.08	0.948766
HHI	1.00	0.996367
market	1.01	0.989327
方差膨胀因子均值	1.09	

资料来源：笔者根据 1999~2005 年中国制造业企业数据测算得到。

五、初步描述性分析

为了进一步更为直观地显示进口关税对企业成本加成之间的关系，在展开设计严格的计量分析之前，本书首先进行初步描述性分析来观察进口关税如何影响企业成本加成。同时，为了更为直接地呈现进口关税减让对企业成本加成的影响趋势，本书在精确计算了1999~2005年各二分位行业企业成本加成均值的基础上，绘制了二分位行业情形下进口关税与企业成本加成的散点图与线性拟合趋势图。图5-2报告了1999~2005年进口关税与企业成本加成之间的散点图、线性拟合趋势。

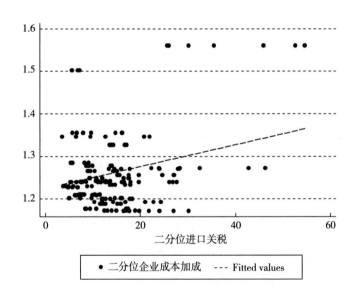

图5-2　1999~2005年进口关税与企业成本加成

资料来源：笔者根据1999~2005年中国制造业企业数据测算得到。

如图5-2所示，为与本书计量模型保持一致，图5-2中纵轴皆为二分位行业企业成本加成的均值，横轴皆为进口关税。我们可以发现，图中进口关税与企业成本加成之间呈现显著的正相关关系，进口关税水平越高，中国制造业企业的成本加成越高，这也就是说，贸易自由化显著地降低了中国制造业企业成本加成。这一结论与本书研究假设也是相一致的，同时，这一分析结果也为本书研究假说和计量模型设定的正确性提供了初步的经验支持。当然，要想得到两者之间关系更为可靠、更为精确的研究结论还有待通过进一步设计严格的计量分析研究来给予证明。

第三节　关税减让对企业成本加成影响的实证检验

一、基准回归分析

考虑到本书样本数据足够丰富，为有效避免可能存在的异方差问题对本书研究结论的影响，在后续实证检验过程中均采用聚类到行业层面的标准误进行回归。并且为进一步检验原始计量模型设定是否可靠，我们通过逐步添加控制变量的方法来考察模型设定是否合理。回归过程中，本书将首先以四位数进口关税数据 tariff4 指标作为贸易自由化衡量指标进行回归。同时，考虑到回归方法可能对回归结果造成的影响，在基准回归分析过程中，将依次采用最小二乘法和固定效应方法进行逐一添加控制变量回归。

表 5-4 显示了四位数进口关税作为关税减让替代指标时的逐一添加控制变量的最小二乘法回归结果。由表 5-4 中的回归结果，可以得到以下几点结论：

（1）进口关税显著促进了企业成本加成的提升，贸易自由化不利于企业成本加成的提升。表 5-4 模型（1）~模型（8）中进口关税的回归系数均为正，这一情形表明，进口关税的提升显著提升了企业成本加成，也就是说，贸易自由化阻碍了企业成本加成的提升，这与本书推论中的结论是相一致的。并且这一结论也是符合经济学一般直觉的，一般来说，贸易自由化的提升将导致大量外部企业的蜂拥而入，而这一现象显然将提升本国企业所面临的外部企业的市场竞争强度，余淼杰（2011）的研究也证明最终产品的进口关税减免强化了企业间在本土市场的竞争，在激烈的市场竞争中，本国企业为求生存进而获得竞争优势势必将降低其企业成本加成来应对外部企业与本国竞争对手的挑战，通过上述途径，贸易自由化势必将导致本国企业成本加成的降低。部分已有研究中结论与本书研究结论也是基本一致的，Hoekman 等（2001）、Boulhol 等（2006）、Bugamelli 等（2008）等基于不同国家样本的研究均表明，贸易自由化将显著地促进竞争效应，进而将导致本国企业成本加成的降低。同时，需要关注的是，在逐一添加控制变量的回归过程中可决系数随着控制变量的添加逐渐变大，这在一定程度上表明本书控制变量的添加是合理的。

表 5-4　全样本基准回归分析（最小二乘法）

	(1)	(2)	(3)	(4)	(5)	(6)	(7)	(8)
tariff4	0.0008 ***	0.0001	0.0002 *	0.0003 ***	0.0004 ***	0.0004 ***	0.0004 ***	0.0004 ***
	(6.54)	(0.53)	(1.88)	(3.13)	(3.38)	(3.86)	(3.88)	(3.86)
lp		0.5380 ***	0.5598 ***	0.6095 ***	0.6212 ***	0.6235 ***	0.6235 ***	0.6235 ***
		(417.11)	(218.22)	(167.28)	(150.85)	(151.15)	(151.08)	(151.00)
wage			0.0080 ***	0.0093 ***	0.0093 ***	0.0092 ***	0.0092 ***	0.0092 ***
			(9.51)	(9.42)	(9.43)	(9.43)	(9.42)	(9.42)
scale				0.0003 ***	0.0003 ***	0.0004 ***	0.0004 ***	0.0004 ***
				(29.65)	(29.18)	(28.13)	(28.13)	(28.12)
profit					0.2480 ***	0.2249 ***	0.2249 ***	0.2250 ***
					(6.97)	(6.84)	(6.84)	(6.83)
age						−0.0035 ***	−0.0035 ***	−0.0035 ***
						(−32.49)	(−32.42)	(−32.35)

续表

	(1)	(2)	(3)	(4)	(5)	(6)	(7)	(8)
HHI							−2.3069***	−2.3164***
							(−6.18)	(−6.20)
market								−0.0101***
								(−13.39)
常数项	1.3096***	3.4476***	3.4298***	3.5584***	3.6016***	3.6529***	3.6542***	3.7181***
	(158.39)	(383.68)	(375.55)	(341.08)	(288.10)	(282.18)	(282.37)	(263.05)
R²	0.0495	0.3277	0.3365	0.3579	0.3601	0.3627	0.3627	0.3628
样本数	1001005	1001005	1001005	1001005	1001005	1001005	1001005	1001005

注：括号中值为 t 统计量；"＊＊＊""＊＊""＊"分别表示在1%、5%和10%的水平上显著；各模型均控制了企业对应的年份、地区和产业固定效应。

（2）其余控制变量回归结果：企业生产率提升推动了企业成本加成提高。表5-4模型（2）~模型（8）中企业生产率这一指标的回归系数均显著为正，这一结果表明，生产率提升推动了企业成本加成提升，并且这一结论是十分稳健的，这也是符合经济学逻辑的一般预期的，提高企业的生产率可以显著提升其市场势力与贸易利得，其他条件稳定的情形下，企业成本加成随之升高，同时，这一结果与盛丹和王永进（2012）、任曙明和张静（2013）的研究结论也是相一致的。

企业工资水平与企业成本加成呈正相关关系。表5-4模型（3）~模型（8）中企业工资水平这一指标的回归系数均显著为正，这一结果表明，企业工资水平越高其企业成本加成也越高，从经济学逻辑上来说，企业工资水平较高说明企业贸易利得较高，而企业贸易利得则部分决定于企业的实际成本加成，因此，企业工资水平有助于企业成本加成提升。

企业规模越大企业成本加成越高。表5-4企业规模的回归系数均显著为正，这说明，企业规模提升有助于企业实现规模经济，进而可以降低其实际生产成本，在其他条件较为稳定的情形下，企业规模提升有助于企业的成本加成提高，而这一研究结论与任曙明和张静（2013）及 Atkin 等（2015）研究相一致。

企业盈利水平与企业成本加成呈正相关关系。表5-4 的模型中，企业盈利水平的回归系数均显著为正，这说明，企业盈利水平越高企业成本加成也越高。不难理解，企业成本加成部分反映了企业的贸易利得，而贸易利得与企业盈利水平则显著正向关系，因此，企业盈利水平与企业成本加成呈现正向关系。

企业经营年限不利于企业成本加成的提升。表 5-4 模型（6）~模型（8）中企业经营年限的回归系数均显著为负，表明总体上来说，企业经营年限越高企业成本加成越低，梳理其中的经济学逻辑，由于企业经营年限的长短决定着企业管理水平及生产设备状况构成影响，就中国的实际来说，国有企业的企业经营年限普遍较长，非国有企业经营年限相对则较短，过长的经营年限容易导致其经营疲乏，企业生产设备也容易老化。从这些角度来看，企业经营年限因素势必将在一定程度上对企业的成本加成造成负面影响。因而，总体均值水平上，企业的经营年限越长其企业成本加成将会越低。

行业竞争强度的提高不利于企业成本加成的提升。表 5-4 模型（7）~模型（8）中行业竞争强度的回归系数均在 1% 的统计水平上显著为负，这一研究结果表明，在总体上来说，行业竞争强度的提高不利于企业成本加成的提升。梳理产生这一现象的经济学逻辑，可以发现，随着企业所处行业的内竞争强度提高，企业面临的竞争态势将进一步恶化，这一情况下企业极易丢失市场份额，考虑到企业投资降低其成本需要较长的时间，为了生存甚至占领扩大市场份额本地企业势必要降低其成本加成，企业所处行业竞争强度的提高最终阻碍了企业成本加成的提升。

地区市场化不利于企业成本加成的提升。表 5-4 模型（8）中地区市场化指标显著为负，这一现象在一定程度上说明，地区市场化对企业成本加成的提升构成了负向的影响。究其原因，不难发现，地区市场化在一定程度上反映了外部企业进入本地市场销售的能力，一般来说，企业所处地区市场化程度越高，那么外部企业进入本地市场销售的能力越强，本地企业所面临的市场竞争强度越高，这些均在一定程度上导致本地企业发展所面临的困难随之增加，也使这些企业的成本加成受其影响而降低，因此，这就不难理解，为什么地区市场化程度提高会抑制本地企业成本加成的提升。

本书基准回归分析中，在全样本逐步添加控制变量的最小二乘法回归分析之后，本书将使用固定效应方法对样本展开逐一添加控制变量的回归，表5-5进一步报告了固定效应回归方法下全样本逐一控制变量的实证结果。由表5-5中的回归结果可以发现：

表5-5　全样本基准回归分析（固定效应）

	(1)	(2)	(3)	(4)	(5)	(6)	(7)	(8)
tariff4	0.0012***	0.0023***	0.0023***	0.0023***	0.0022***	0.0022***	0.0022***	0.0022***
	(4.58)	(11.37)	(11.13)	(11.51)	(10.70)	(10.72)	(10.74)	(10.72)
lp		0.9181***	0.9251***	0.9298***	0.9424***	0.9423***	0.9423***	0.9423***
		(401.81)	(376.47)	(354.48)	(267.42)	(267.41)	(267.42)	(267.43)
wage			0.0049***	0.0053***	0.0053***	0.0053***	0.0053***	0.0053***
			(7.48)	(7.67)	(7.68)	(7.68)	(7.68)	(7.67)
scale				0.0002***	0.0002***	0.0002***	0.0002***	0.0002***
				(6.31)	(6.27)	(6.25)	(6.25)	(6.25)
profit					0.3651***	0.3648***	0.3648***	0.3649***
					(5.46)	(5.46)	(5.46)	(5.46)
age						−0.0003**	−0.0003**	−0.0003**
						(−2.50)	(−2.50)	(−2.51)
HHI							0.9509*	0.9473*
							(1.78)	(1.77)
market								−0.0031***
								(−5.15)

续表

	(1)	(2)	(3)	(4)	(5)	(6)	(7)	(8)
常数项	0.8688***	4.1717***	4.1250***	4.1076***	4.2045***	4.2976***	4.2970***	4.0786***
	(16.83)	(150.35)	(97.23)	(148.61)	(128.52)	(133.08)	(133.04)	(83.12)
R^2	0.0111	0.5318	0.5346	0.5365	0.5407	0.5407	0.5407	0.5407
样本数	1001005	1001005	1001005	1001005	1001005	1001005	1001005	1001005

注：括号中值为 t 统计量；"***""**""*"分别表示在1%、5%和10%的水平上显著；各模型均控制了企业对应的年份、地区和产业固定效应。

（1）进口关税的提高显著促进了本地企业成本加成的提升，也就是说，关税减让显著阻碍了本地企业成本加成的提升。表5-5模型（1）~模型（8）中进口关税的回归系数均显著为正，这表明，进口关税有助于本地企业成本加成提升，也就是说，关税减让阻碍了企业成本加成的提升。显然，关税减让通过促进竞争效应降低本国企业成本加成。这一回归结果与表5-4中最小二乘法回归分析结果保持一致，这进一步验证了本书研究结论的可靠性。

（2）表5-5中其他控制变量回归系数符号与表5-4基本保持一致，这些变量的影响机制也并无显著差异。需要关注的是行业竞争强度的回归系数显著为正，这说明国内市场竞争对于企业成本加成提升有一定的推动作用，原因在于国内市场竞争可能起到了促进创新等作用，使企业主动采取措施提升自我。

二、分样本检验

为有效检验本书研究结论在不同分样本中是否成立，接下来，通过分所有制、分行业、分区域等多个分样本回归来对本书推论进行检验，进一步确保本书研究结论的可靠性。同时，分样本回归分析中均采用固定效应方法进行回归，从而有效控制企业个体特征可能带来的影响。

考虑到不同所有制企业的自我激励机制有所不同，为检验本书研究假说在不同所有制企业中是否依然成立。本书在对全样本进行分所有制划分的基础上，进行分所有制样本的回归分析。企业样本的所有制划分中，本书选择依据企业的实际登记注册类型作为所有制的划分依据，最终将样本企业划分为国有企业、民营企业、港澳台企业与外资企业四个所有制样本（盛丹和王永进，2012）。表5-6显示了分所有制样本回归结果。

表5-6　分所有制样本回归分析

	(1)	(2)	(3)	(4)	(5)	(6)	(7)	(8)
	国企	国企	民营	民营	港澳台	港澳台	外资	外资
tariff4	0.0005	0.0018***	0.0015***	0.0016***	0.0020*	0.0032***	0.0001	0.0027***
	(1.23)	(6.23)	(3.06)	(4.05)	(1.92)	(4.50)	(0.07)	(3.49)
lp		0.9245***		0.9527***		1.0231***		1.0506***
		(196.26)		(229.13)		(136.20)		(125.66)
wage		0.0049***		0.0060***		0.0065***		0.0038***
		(2.94)		(15.88)		(16.09)		(11.62)
scale		0.0001***		0.0002***		0.0001		0.0003***
		(5.22)		(6.38)		(1.53)		(5.01)
profit		0.3726***		0.4257***		0.6376***		0.5938***
		(8.82)		(9.30)		(10.88)		(7.59)
age		-0.0001		0.0007***		-0.0024**		0.0009
		(-0.82)		(2.91)		(-2.39)		(0.98)
HHI		1.9409**		0.4735		-1.5183		-0.0775
		(2.39)		(0.46)		(-0.71)		(-0.07)
market		-0.0024***		-0.0007		-0.0046**		-0.0040**
		(-2.67)		(-0.59)		(-2.53)		(-2.48)
常数项	0.9231***	4.5391***	1.0235***	4.5843***	0.8406***	5.0054***	1.2807***	5.3409***
	(27.62)	(123.23)	(27.33)	(125.64)	(7.84)	(59.76)	(12.33)	(72.43)
R^2	0.0145	0.5288	0.0146	0.5433	0.0065	0.5917	0.0056	0.6097
样本数	412099	412099	378275	378275	115020	115020	95611	95611

注：括号中值为t统计量；"***""**""*"分别表示在1%、5%和10%的水平上显著；各模型均控制了企业对应的年份、地区和产业固定效应。

由表5-6中分所有制样本回归结果，发现：

（1）分所有制样本中，进口关税均显著促进了企业成本加成的提升，这说明不同所有制样本中，关税减让均显著阻碍了企业成本加成的提高。由表5-6可以发现，模型（1）~模型（8）进口关税的回归系数均为正，这与本书基准回归结果相一致，也就是说，在不同的所有制样本中，进口关税均显著促进企业成本加成的提升，即关税减让均阻碍了企业成本加成的提升。这一回归结果进一步证明了本书研究假定是十分可靠的。

此外，值得注意的是，表5-6分所有制样本回归中，模型（2）、模型（4）中国有企业、民营企业的进口关税的回归系数显著小于模型（6）、模型（8）中港澳台企业与外资企业的回归系数，进口关税对国有企业与民营企业的影响显著小于港澳台企业与外资企业，这与大家的一般认识是一致的。梳理其中的经济学逻辑，容易理解，相较于国有企业与民营企业，港澳台企业与外资企业之所以在本地投资生产，其关键原因并非享受进口关税保护，更多的是考虑避开进口关税的阻碍，通过在当地投资占领本地市场以及利用当地生产要素进行加工再出口贸易，港澳台企业与外资企业进入的动机决定其对关税政策更为敏感，因而，在本书实证过程中出现上述结论也就不难解释了。

（2）其他控制变量方面。由表5-6中回归结果可以发现，其中，大部分控制变量回归结果与表5-4、表5-5中基准回归结果是相一致的。值得关注的是，企业经营年限对不同所有制类型企业成本加成的影响存在显著差异，对于国有企业来说，企业经营年限不利于企业成本加成的提升，这与本书基准回归分析中的结论是相一致的，显然，这主要是由国有企业自身特征所决定的，一般来说，国有企业的经营年限较长，其企业内部普遍存在的内部治理机制不科学等问题越明显，随着企业经营年限的提升，此类企业越可能成为靠国家"输血"才得以存活的"僵尸企业"，也正因如此，国有企业的企业经营年限与企业成本加成往往呈负相关关系。港澳台企业回归系数同样为负，这主要是由港澳台企业的特征所决定的，港澳台企业多为代工企业，他们均靠订单存活，企业建立也是因为有市场，随着企业经营年限的增加，这些企业很容易失去存在的价值。与国有企业和港澳台企业相反，对于民营企业、外资企业来说，企业经营年限往往显著促进了企业成本加成的提升，出现这一现象，同样是由这些所有制企业的特征所决定的，相对于国有企业，此类企业的经营年限普遍较短，并且由于其内部激励机制更为合理和优越，随着企业经营年限的提升，这些企业的内部治理机制将不断完善，企业运营也将更为合理，进而企业市场势力随之提升，从而促进了企业成本加成的提升。

为检验不同地区研究样本中本书研究假设是否同样成立，接下来，通过分地区样本的回归分析来对本书研究假设进行检验。在分地区样本的具体划分过程中，本书依据已有文献的通行做法，将全部研究样本企业划分为东部地区、中部地区与西部地区三个分样本，来观察不同地区的研究样本中本书研究假设是否同样成立。样本企业分地区的具体划分过程中，本书采用了国家"七五"计划中正式公布并且沿用至今的东中西地区的区域划分方法，将本书研究样本依据东部地区、中部地区与西部地区的划分方法划分为三个分样本。表5-7具体显示了本书分地区样本的回归结果。

表5-7　分地区样本回归分析

	(1)	(2)	(3)	(4)	(5)	(6)
	东部地区	东部地区	中部地区	中部地区	西部地区	西部地区
tariff4	0.0014***	0.0029***	0.0021***	0.0023***	0.0005	0.0001
	(4.04)	(10.79)	(4.18)	(5.77)	(0.70)	(0.11)
lp		0.9637***		0.8327***		0.9854***
		(218.87)		(143.83)		(135.59)
wage		0.0050***		0.0056***		0.0112***
		(6.49)		(7.45)		(17.06)

	（1）	（2）	（3）	（4）	（5）	（6）
	东部地区	东部地区	中部地区	中部地区	西部地区	西部地区
scale		0.0002***		0.0001***		0.0002***
		（4.55）		（6.24）		（5.69）
profit		0.3293***		0.3839***		0.4815***
		（3.56）		（7.76）		（11.17）
age		−0.0005***		0.0007***		−0.0002
		（−2.76）		（3.04）		（−0.77）
HHI		1.1062**		2.5489		−3.7558
		（2.01）		（1.22）		（−1.33）
market		−0.0043***		−0.0025		0.0067**
		（−6.13）		（−1.59）		（2.36）
常数项	1.0961***	4.7710***	0.8331***	4.0538***	1.0506***	4.6904***
	（22.00）	（109.70）	（26.64）	（109.00）	（14.33）	（73.56）
R^2	0.0098	0.5470	0.0217	0.5030	0.0103	0.5730
样本数	733534	733534	169353	169353	98118	98118

注：括号中值为 t 统计量；"***""**""*"分别表示在1%、5%和10%的水平上显著；各模型均控制了企业对应的年份、地区和产业固定效应。

由表5-7中分地区样本的回归结果，发现：

（1）不同地区的回归样本中，进口关税均促进了中国制造业企业成本加成的提升，这一结果也同时表明，关税减让的提升均阻碍了企业成本加成的提升，本书研究假设得到进一步证明。表5-7模型（1）~模型（6）中，进口关税的回归系数均为正，进口关税对企业成本加成的促进作用并未因为企业所处地区的不同而存在显著差异，这也就是说，在中国的不同地区，关税减让对企业成本加成的阻碍作用是一致的。这一结果与本书基准回归结果、固定效应回归及分样本中的研究结论也是相同的，这一现象也进一步证明了本书研究假定是十分可靠的。值得注意的是，西部地区进口关税的回归系数并不显著，这在一定程度上由西部地区的产业结构所决定，这导致外部企业进入本地市场，并未十分显著地影响到本地企业的成本加成。

（2）其余控制变量方面。表5-7中大多数变量的回归结果与本书已有实证分析相一致，其中的内在机理也并未存在显著差异。值得注意的是，表5-7中模型（4）企业经营年限的回归系数显著为正，中部地区企业经营年限提高显著促进了企业成本加成的提升，这一结果说明，就样本均值层面来说，相对于其他地区，中部地区企业经营年限情形更为合理，并且随着企业经营年限的逐步提升，这些企业的内部治理机制在不断完善，因此，企业经营也更趋于合理，从而最终有效促进了企业成本加成的提升。

另外，表5-7中模型（2）和模型（4）中行业竞争强度这一指标的回归系数为正，这一结果表明东部地区和中部地区的行业竞争程度激励了本地企业成本加成的提升，仔细梳理其中的缘由，本书认为，这是因为东部地区和中部地区企业在本国企业的内部竞争对企业发展产生有效的正面激励，推动企业采取措施降低自身成本，实现了成本加成的提升。相对应的西部地区竞争实力较差，面对本国其他地区企业竞争时，降低企业成本，从而提升成本加成的能力较弱，因此，西部地区企业的成本加成受到了阻碍。

接下来，为了进一步验证本文研究结论的稳定性，本书考察不同要素密集型行业中本书研究假设是否成立，Brambilla 和 Tortarolo（2014）的研究也表明不同要素密集型行业中企业成本加成存在着显著的差异，显然，本书依据企业自身的要素密集度差异对中国制造业企业的行业进行划分是十分必要的。在不同要素密集型行业的划分过程中，本书将采用与王德文等（2004）、盛丹和王永进（2012）相一致的不同要素密集型行业分类方法，将本书制造业企业样本划分为资本密集型行业和劳动密集型行业两个行业类别。由于在本书样本数据的具体选择过程中，已经选择了按照 GB/T4754-2002 为分类标准的二位数行业代码中的制造业企业样本，因而，本书各要素密集型行业具体划分方法可以表示如下：劳动密集型行业包括农副食品加工业、食品制造业等12个行业，资本密集型行业包括石油加工炼焦及核燃料加工业、化学原料及化学制品制造业等 15 个行业；另有医药制造业、通信设备计算机及其他电子设备制造业、仪器仪表及文化办公用机械制造业、航空及航天设备制造业（GB/T3 分位）4 个行业位于两者之间。接下来，本书在上述行业划分的基础上，分别考察资本密集型行业、劳动密集型行业两种不同行业样本中贸易自由化对企业成本加成的影响是否存在显著的差异。表 5-8 具体显示了分要素密集型样本的回归结果。

表 5-8　分要素密集型行业样本回归分析

	（1） 劳动密集型	（2） 劳动密集型	（3） 资本密集型	（4） 资本密集型
tariff4	0.0013 *** (3.10)	0.0003 (1.12)	0.0007 ** (1.97)	0.0039 *** (12.85)
lp		0.9251 *** (228.77)		0.9696 *** (240.96)
wage		0.0050 *** (3.72)		0.0056 *** (19.89)
scale		0.0002 *** (8.10)		0.0001 *** (3.60)
profit		0.4657 *** (18.57)		0.4390 *** (8.06)
age		-0.0004 ** (-2.11)		0.0000 (0.08)
HHI		1.1194 (0.57)		0.5627 (0.48)
market		-0.0052 *** (-5.80)		-0.0014 * (-1.65)
常数项	1.3295 *** (29.43)	4.8479 *** (129.77)	0.9064 *** (9.61)	4.7059 *** (56.99)
R^2	0.0093	0.5316	0.0132	0.5533

续表

	（1）	（2）	（3）	（4）
	劳动密集型	劳动密集型	资本密集型	资本密集型
样本数	460888	460888	479526	479526

注：括号中值为 t 统计量；"＊＊＊""＊＊""＊"分别表示在 1%、5% 和 10% 的水平上显著；各模型均控制了企业对应的年份、地区和产业固定效应。

由表 5-8 中分要素密集型行业样本的回归分析结果，可以发现如下几点：

（1）不管是劳动密集型行业还是资本密集型行业，进口关税均显著促进了企业成本加成的提升，关税减让显著阻碍了企业成本加成提升。表 5-8 中模型（1）~模型（4）中进口关税的回归系数均为正，这表明，进口关税对企业成本加成的促进作用并未因为企业要素密集型特征的不同而存在差异，也就是说，不同要素密集型行业企业的成本加成均随贸易自由化程度的提高而显著降低，这一结论进一步证实了本书研究结论的可靠性。值得注意的是，表 5-8 中模型（2）进口关税的回归系数显著小于模型（4），且模型（2）中进口关税的回归系数并不显著，这一结果表明，进口关税对资本密集型行业企业成本加成的促进作用大于劳动密集型行业，这与中国的现状是相一致的，相对于资本密集型行业，中国在劳动密集型行业中的竞争能力更强，其受进口关税的影响更小，同时，这也就不难理解为什么劳动密集型企业成本加成受进口关税的影响并不显著了。

（2）其他控制变量方面大多并未发现显著的差异。特别值得注意的是，资本密集型行业企业经营年限为正且并不显著，究其原因，我们认为可能是由于资本密集型行业企业经营年限越长，则企业运营更为完善，市场竞争力越强，随之企业成本加成则越高，但是，这一现象在均值角度上可能影响并不太大，所以回归结果并不显著。表 5-8 中分行业要素密集型样本回归分析中其余控制变量回归结果与上述已有回归结果中是基本保持一致的，它们对企业成本加成的影响并未因为企业要素密集程度的不同而存在十分显著差异。

三、稳健性检验

为了有效地控制贸易自由化与企业成本加成之间可能存在的互为因果等问题导致的内生性对本书研究结论造成的影响，本书将借鉴现有文献中的权威方法，进一步采用工具变量法在对可能存在的内生性问题进行控制的基础上对本书计量模型进行回归分析，从而有效确保本书研究结论的可靠性。工具变量法作为处理内生性问题的权威做法，在这一方法的回归过程中较为困难的问题在于进口关税这一指标工具变量的寻找。具体来说，工具变量指标的选择过程中，本书经过大量筛选、尝试与检验识别最终采用了 1999～2005 年各地级城市企业进口关税的均值来作为进口关税的工具变量。同时，为了在工具变量法回归分析的过程中有效考察工具变量法的回归结论以及本书研究假定的稳定性，我们在回归分析过程中采用了逐步添加控制变量的方法来设定模型进行回归分析。表 5-9 具体报告了本书全样本的工具变量两阶段最小二乘法（2SLS）回归结果。

表 5-9 全样本工具变量 2SLS 回归分析

	(1)	(2)	(3)	(4)	(5)	(6)	(7)	(8)
tariff4	0.0320 ***	0.1124 ***	0.1163 ***	0.1325 ***	0.1318 ***	0.1293 ***	0.1292 ***	0.1252 ***
	(3.16)	(10.13)	(10.27)	(11.04)	(11.03)	(10.76)	(10.77)	(10.50)
lp		0.5482 ***	0.5728 ***	0.6293 ***	0.6368 ***	0.6376 ***	0.6377 ***	0.6380 ***
		(234.70)	(146.65)	(121.60)	(115.45)	(116.08)	(115.81)	(116.51)
wage			0.0087 ***	0.0102 ***	0.0102 ***	0.0102 ***	0.0102 ***	0.0102 ***
			(7.15)	(7.08)	(7.08)	(7.08)	(7.07)	(7.07)
scale				0.0004 ***	0.0004 ***	0.0004 ***	0.0004 ***	0.0004 ***
				(40.04)	(39.51)	(38.75)	(38.71)	(38.87)
profit					0.1815 ***	0.1736 ***	0.1738 ***	0.1735 ***
					(4.21)	(4.16)	(4.15)	(4.15)

续表

	(1)	(2)	(3)	(4)	(5)	(6)	(7)	(8)
age						-0.0015***	-0.0014***	-0.0015***
						(-8.39)	(-8.12)	(-8.43)
HHI							-11.8293***	-11.5183***
							(-7.18)	(-7.12)
market								-0.0035**
								(-2.31)
Kleibergen-Paap rk LM 统计量	2751.417	2751.130	2755.975	2760.793	2760.129	2759.419	2760.705	2754.673
	(0.0000)	(0.0000)	(0.0000)	(0.0000)	(0.0000)	(0.0000)	(0.0000)	(0.0000)
Kleibergen-Paap rk Wald F 统计量	2995.413	2995.136	3000.657	3006.272	3005.464	3004.767	3006.119	2999.627
	(16.38)	(16.38)	(16.38)	(16.38)	(16.38)	(16.38)	(16.38)	(16.38)
常数项	1.3532***	2.9837***	2.9094***	2.8794***	2.9069***	2.9069***	2.9508***	3.0435***
	(17.93)	(34.05)	(32.06)	(29.92)	(30.30)	(30.30)	(31.84)	(31.63)
R^2	0.0051	-0.1962	-0.2224	-0.3665	-0.3572	-0.3572	-0.3539	-0.2850
样本数	1001005	1001005	1001005	1001005	1001005	1001005	1001005	1001005

注：括号内为 Z 统计值；"***""**""*"分别表示在 1%、5% 和 10% 水平上显著；为了排除可能存在的异方差对研究结果的影响，各模型均采用聚类到企业层面的标准误进行回归，并且各模型均控制了企业对应的年份、地区和产业固定效应。Kleibergen-Paap rk LM 检验的原假设"H0：工具变量识别不足"，相应括号中数值为相应检验统计值的 P 值；Kleibergen-Paap rk Wald F 检验的原假设"H0：工具变量弱识别"，相应括号中数值为 Stock-Yogo 检验的临界值。

由表 5-9 中回归结果我们可以发现，模型（1）~模型（8）中 Kleibergen-Paap rk LM 统计量的 P 值均为 0，有效拒绝了工具变量识别不足的假定；同时，Kleibergen-Paap rk Wald F 检验中最小特征统计值均大于 Stock-Yogo 检验的临界值，也有效地排除了回归过程中存在弱工具变量的可能性，因此，工具变量有效性的检验结果表明本书工具变量的选择是十分合理的。由表 5-9 中回归结果可以发现，通过逐步添加变量，各模型中关键解释变量的回归系数和取值基本保持稳定，据此，本书可以得到以下结论：

（1）进口关税显著促进了企业成本加成的提升，也就是说，关税减让不利于企业成本加成的提升，这一结果有效证明了本书研究假定是十分可靠的。

由表5-9中模型（1）~模型（8）可以发现，进口关税的回归系数均在1%的统计水平上显著为正，这一结果表明，本书工具变量的回归结果与上述研究中结论是相一致的，进口关税的提升可以显著提升企业成本加成，即关税减让阻碍了企业成本加成的提升，关税减让通过促进竞争效应等途径降低了本地企业的成本加成，这也进一步证明了本书研究结论的可靠性。

同时，表5-9中的这一回归结果也进一步表明，在有效控制了回归分析中可能存在的内生性等问题的情形下，贸易自由化的提升对市场竞争的促进效用仍然导致了本国企业成本加成的降低，这一结论与 Hoekman 等（2001）、Boulhol 等（2006）、Bugamelli 等（2008）等以不同国家作为研究样本得到的研究结论也是一致的，他们的研究结论均表明贸易自由化带来的促进竞争效应导致本国企业成本加成的降低。此外，随着控制变量的逐步添加，模型（1）~模型（8）回归的可决系数逐渐增大，这也进一步证明了本书模型设定中增加的这些控制变量是十分有效的。

（2）其余控制变量方面。表5-9中行业竞争强度的回归系数与上述回归研究存在一定的差异，这在一定程度上说明，国内企业之间的竞争对企业成本加成的影响存在一定的不确定性，因此才导致分样本和逐步添加变量中系数的差异性，而其余控制变量的回归系数与上述研究中的回归结果并未存在显著的差异，其中的内在影响机制也基本相同。

四、进一步稳健性检验

在本书上述稳健性检验工作的基础上，为确保本书关税减让替代指标及本书研究结论的可靠性，在进一步的稳健性检验过程中，本书将采用中国制造业行业二分位的进口关税数据 tariff2 来作为关税减让的替代指标进行实证回归分析。同时，考虑到模型设定的重要性及其可能对研究结论产生的影响，为了在回归过程中有效考察二分位进口关税指标在本书回归过程中的可靠性和稳定性，本书在进一步稳健性检验中特别地通过采用逐步添加控制变量的方式来设定回归模型进行实证检验。表 5-10 报告了二分位进口关税数据的详细全样本回归结果。

表 5-10　全样本回归分析（二分位进口关税替代指标）

	(1)	(2)	(3)	(4)	(5)	(6)	(7)	(8)
tariff2	0.0033 ***	0.0067 ***	0.0066 ***	0.0057 ***	0.0066 ***	0.0066 ***	0.0066 ***	0.0066 ***
	(6.27)	(15.71)	(15.51)	(16.54)	(15.60)	(15.61)	(15.61)	(15.61)
lp		0.9176 ***	0.9245 ***	0.7763 ***	0.9420 ***	0.9420 ***	0.9420 ***	0.9419 ***
		(410.24)	(386.17)	(236.28)	(273.28)	(273.27)	(273.28)	(273.28)
wage			0.0049 ***	0.0076 ***	0.0052 ***	0.0052 ***	0.0052 ***	0.0052 ***
			(7.87)	(8.53)	(8.07)	(8.07)	(8.07)	(8.07)
scale				0.0003 ***	0.0002 ***	0.0002 ***	0.0002 ***	0.0002 ***
				(13.62)	(6.42)	(6.40)	(6.40)	(6.40)
profit					0.3714 ***	0.3712 ***	0.3711 ***	0.3713 ***
					(5.67)	(5.67)	(5.67)	(5.66)
age						-0.0003 **	-0.0003 **	-0.0003 **
						(-2.29)	(-2.29)	(-2.30)
HHI							0.5099	0.5083
							(0.94)	(0.94)
market								-0.0031 ***
								(-5.30)
常数项	0.4390 ***	4.2672 ***	4.2543 ***	4.0376 ***	4.3014 ***	4.3821 ***	4.3819 ***	4.2522 ***
	(11.25)	(143.65)	(147.12)	(267.55)	(146.83)	(151.82)	(151.79)	(91.69)
R²	0.0112	0.5316	0.5344		0.5405	0.5405	0.5405	0.5405
样本数	1040759	1040759	1040759	1040759	1040759	1040759	1040759	1040759

注：括号中值为 t 统计量；"***""**""*"分别表示在 1%、5% 和 10% 的水平上显著；各模型均控制了企业对应的年份、地区和产业固定效应。

由表 5-10 回归结果我们可以发现：

（1）进口关税显著促进了本地企业成本加成的提升，也就是说，贸易自由化阻碍了企业成本加成的提升，本书研究假定的可靠性得到再一次证明。表5-10模型（1）~模型（8）中二分位进口关税的回归系数均在1%的统计水平上显著为正，这一结果说明，中国制造业行业进口关税的提升显著地促进了其行业内企业的成本加成提升，这也就是说，贸易自由化的提升显著阻碍了企业成本加成的提升，分析其中的内在含义，显然，贸易自由化行为通过促进竞争效应等途径导致本国企业成本加成的降低。这一研究结果与前面二分位的进口关税替代指标回归过程中的回归分析结果也是一致的，不论是四分位下的进口关税指标还是二分位下的进口关税指标，均有效证明，关税减让存在促进本地企业竞争加剧并显著降低本地企业成本加成的作用，这一系列研究工作均进一步证明本书研究结论是十分稳健和可靠的。

同时，我们还需要看到的是，在具体回归系数大小方面，表5-10与表5-5存在一定程度的差异，这也在一定程度上证明本书同时采用四分位进口关税指标和二分位进口关税指标进行回归分析是十分必要性。本书研究结果同时表明，目前广泛使用的关税数据的加权处理的确会存在一定的问题，如果能采用多层次的关税数据作为贸易自由化的替代指标，即采用不同行业分类的进口关税指标进行回归，这样得到的研究结论可能更让人信服。然而，较为遗憾的是，在以往的研究中，研究者普遍仅采用一种进口关税加权结果作为回归分析的关键指标来进行回归分析，虽然这样的做法无可厚非，但是，如果能够使用多个指标进行回归则可以在较大程度上避免一般加权做法可能存在一定的问题。显然，在未来的研究过程中需要研究者对这一问题进行进一步思考和探索，以求完美地处理好此类问题。

（2）表5-10中其他控制变量的回归系数符号与基准回归等实证分析中的结果保持一致，并且这些变量的内在影响机制并没有十分显著的差异。值得注意的是，行业竞争程度的回归系数并不显著，而表5-5中行业竞争程度的回归系数也只是在10%的统计水平上显著，这一现象在说明本书回归结果可能性的同时，也进一步说明本国内部企业的竞争对中国制造业企业成本加成的影响的确相对较小，本国企业之间的竞争对于企业成本加成的提升具有一定程度的激励作用，这与外部企业进入带来的竞争效应是存在差异的。

第六章 贸易自由化制度演化对企业成本加成的影响

基于本书第三章和第五章的机制和实证研究分析，可以发现，贸易自由化程度的提升可能通过促进竞争效应等途径显著降低企业成本加成，而且其在中国实际情景中的具体表现为进口关税减免显著降低了中国制造业企业成本加成，并且这一研究结论具有良好的稳健性和可靠性。依据上述机制分析、特征事实及目前国外现有文献的研究结论，贸易自由化制度演变也可能对企业成本加成构成影响，可以认为，贸易自由化事件与政府补贴作为贸易自由化的制度演变表现形式，其对本国企业的冲击将可能对企业成本加成构成负面影响。

在中国实际情景下，以 2001 年 11 月中国正式加入 WTO 这一事件作为起点，中国进口关税水平大幅度下降，中国贸易自由化程度开始大幅度提升。显然，中国加入 WTO 作为中国贸易自由化提升的标志性事件，可以视其为中国贸易自由化的冲击事件，这一事件冲击将可能对企业成本加成构成显著的负面影响。

为有效验证上述论断，本书以中国加入 WTO 这一准自然实验为研究契机，尝试通过倍差法计量策略来准确检验中国加入 WTO 这一贸易自由化事件冲击对中国制造业企业成本加成造成的影响。本章各节安排如下：第一节中国加入

WTO 对企业成本加成的影响，这一部分将借助中国加入 WTO 这一准自然实验在倍差法的计量思想下构建一个准确的计量模型，实证检验中国加入 WTO 这一贸易自由化事件对企业成本加成的影响；第二节为政府补贴对企业成本加成的影响，这一部分将从贸易自由化逐步演变的视角，实证检验政府补贴这一非关税贸易壁垒对企业成本加成的影响。

第一节　中国加入 WTO 对企业成本加成的影响

一、中国加入 WTO 的背景

1978 年中国实施改革开放发展战略以来，中国政府和企业参与国际分工和国际市场竞争的急切程度逐步提升，尝试加入 WTO 逐渐成为经济发展的一种必然选择。实际上，中国政府也十分有远见地较早开始着手进行努力，然而，中国的这一努力却遇到了来自各方面的极大阻力，具体来说，一方面，中国国内各方就是否继续推行经济改革存在一定的争论，也正因如此，中国恢复其在 GATT 缔约方地位的申请被迫暂停，这一情形直到 1992 年邓小平南方谈话中进一步确定继续大力推进改革开放政策之后才得以改观，受益于此，中国的恢复 GATT 缔约方地位的申请才得以继续。

在中国加入 WTO 的双边谈判具体过程中，中国与 WTO 其他成员国分别就其加入 WTO 问题交换了意见并进行了以利益换取对方支持的谈判。由于 WTO 的成员国众多，并且 WTO 其他成员国均以本国利益为导向，进而相当多的国家在中国加入 WTO 双边谈判过程中提出了大量的苛刻条件，这一情景也最终导致中国加入 WTO 谈判耗时巨大。在经过一系列努力后，终于迎来了成功，

1997 年 8 月新西兰成为第一个与中国签订加入 WTO 双边协议的 WTO 成员国（Lu 和 Yu，2015），然而，这仅是万里长征的第一步，与更多 WTO 成员国家的双边谈判却极为艰难，以中国与美国进行的双边谈判为例：中国与美国就中国加入 WTO 问题进行的双边谈判竟然耗时长达四年，面对美方的一系列要求，双边谈判可谓艰苦卓绝，双方进行了长达 25 轮的磋商才最终于 1999 年 11 月 15 日在北京达成了双边协议。而在与其他重要国家的双边谈判中，类似问题同样存在。在中国做出巨大的利益让步之后，中国才陆续与 WTO 中的其他重要国家完成了双边协议的签署，其中，1999 年 7 月中国与日本达成双边协议，1999 年 11 月中国与加拿大达成双边协议，2000 年 5 月中国与欧盟达成双边协议。值得欣慰的是，在与上述重要国家双边谈判完成的同时，也进一步加快了中国加入 WTO 的步伐，在 2001 年 9 月，中国与墨西哥签署了双边协议之后，中国与 WTO 成员国的双边谈判也得以完成。最终，在经历了一系列可谓艰苦卓绝的谈判之后，2001 年 9 月 17 日，WTO 中国工作组的第十八次会议通过了批准中国加入 WTO 的议定书及附件和中国工作组报告书等正式文件。更进一步的是，2001 年 11 月 10 日，在卡塔尔多哈召开的第四次 WTO 部长会议正式批准了中国加入 WTO 的关键协议，并且批准这一文件于同年 12 月 11 日得以正式生效，至此，中国正式成为 WTO 的成员国。

与中国加入 WTO 谈判相对应的是中国政府积极调整本国关税水平，努力符合 WTO 对其成员国的关税要求，而中国政府的这一努力，也促使中国进口关税水平在较短的时间内得以大幅下降，这也在一定程度上表明了中国政府的积极态度，进一步促进了中国成功地加入 WTO。具体来说，为贴合 WTO 对其成员国的要求，有效降低其已有成员国对中国加入 WTO 的担忧，进而让利于 WTO 已有成员国，中国政府首先从主动降低进口关税等方面着手进行了积极的努力。梳理这一艰辛历程，一般认为，20 世纪 90 年代以来，为适应市场经济体制改革和入世，中国即已实行了以下调关税税率和非关税壁垒为主要内容的贸易政策改革（毛其淋和盛斌，2014），其中，1992年中国进口产品关税的未加权均值高达42.9%，乌拉圭回合后，中国政府出台政策持续降低其关税水平，1994年和1997年中国进口产品的未加权平关税分别降低至约35%和17%（Lu和Yu，2015），更为力度空前的是，在1998年4月7日的第七次WTO中国工作组会议上，中国政府提出了涉及多达约6000个税号的进口商品的关税减免方案，这也在一定程度上有助于中国与WTO其余成员国顺利签署中国加入WTO的双边协定。

中国加入WTO以后，依据中国加入WTO签署协定的减税要求，中国进口产品的关税水平进一步持续下降，2002年非加权进口关税水平持续降低，本书此前测算结果表明，2002年中国制造业企业的非加权进口关税税率约为13.68%，随着关税的持续降低和加入WTO协议的履行，2005年中国制造业企业的非加权进口关税税率降至约10.47%，可以发现中国政府很好地履行了加入WTO协议，这里需要明确的是，这一结果仅为加权关税税率，而加权后的产品关税税率更低，进一步说明了中国加入WTO后其进口关税降低的幅度巨大。

具体中国进口关税实际减让幅度方面，如图6-1中2000~2005年中国进口关税下降幅度所示，2000~2005年中国进口关税均值的下降幅度总体上呈现一个倒U型的演变趋势。由图6-1我们不难发现，在中国加入WTO之前的2000年，中国的进口关税在降低，但降低的幅度约为1.51%，显然这一降幅相对较小，可以说此时中国进口关税仍然处在一个稳定下降的态势。2001年，中国加入WTO双边谈判正在如火如荼地进行，此时，中国的进口产品关税均开始出现较大幅度的降低，显然，这一情形与为中国加入WTO造势的总体思路是相一致的，而中国的成功加入WTO也可能在较大程度上受益于2001年这次进口关税减免方面的直接表态。随着2001年底中国正式加入WTO，2002年为了较好地履行入世协议，中国进口产品的关税均值有了一个大幅下降，具体降幅达到了约22.49%，这较好地体现了中国负责任大国的担当，这一特征事实也与前文中对中国关税的变化趋势分析的思路是一致的。2002年后，中国进口关税的减让继续进行，直至2005年底中国的关税水平始终保持平稳下降，出现这一特征的原因一方面在于中国进口关税的减让空间逐渐减小，另一方面也是履行进口关税减让协议的要求。至2005年，依据中国加入WTO协议的要求，2005年中国需要完成进口关税的减让，随着中国实际关税处于一个较低的水平，因而，中国进口关税的减让幅度也逐渐趋于缓和。

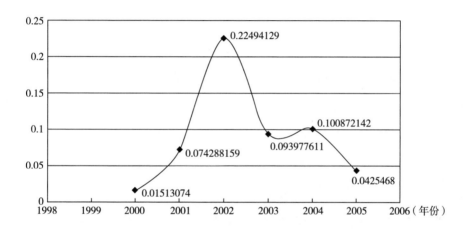

图6-1 2000~2005年中国进口关税下降幅度

资料来源：笔者根据1999~2005年WTO和世界银行关税数据测算得到。

与本书上述涉及中国进口关税典型特征的描述相一致的是，Lu和Yu（2015）测算的中国进口关税结果同样表明，中国的非加权平均关税由2001年的15.3%降低到2004年的12.3%，而加权平均关税则由2001年的9.1%，降低到2004年的6.4%，这说明无论是中国的加权平均关税还是非加权平均关税，在这一时期都有着十分显著的降低。此外，毛其淋和盛斌（2014）的测算结果也进一步表明，2002年中国平均最终产品的进口关税税率降幅高达约

23.93%，这一数据与本书的研究结论也是基本吻合的，在关税减让的具体税目中，中国进口关税的降税税目占总税目的比重已经达到了约73%，这一结果同样表明，在中国成功加入WTO之后，中国进口产品的平均关税水平有着较大幅度的降低，中国的实际贸易自由化程度得到了大幅度的提高。

二、中国加入WTO影响企业成本加成的研究设计

中国加入WTO作为中国贸易自由化进程上的里程碑式的事件，这一贸易自由化事件的发生标志着中国贸易自由化程度的大幅度提高。中国进口关税的事实也表明，在中国加入WTO前后，中国进口产品的关税显著下降，在中国加入WTO之前对产业的保护程度较高，随着中国成功加入WTO，中国政府为了履行加入WTO承诺势必将在短期内大幅度降低对相关产业的保护，这一贸易自由化冲击事件就为我们提供了一个应用倍差法研究策略的契机。具体进口关税层面的变化也对本书的上述论断提供了有效的佐证，以2001年11月中国加入WTO这一冲击事件作为研究起点，中国的进口关税水平存在较大幅度的下降，具体进口关税指标的变化方面，本书测算结果已经表明，仅2002年这一年度，中国制造业行业进口关税的行业均值即大幅降低约22.49%，中国贸易自由化程度得到较大幅度的提高。

与现有文献中已有研究（毛其淋和盛斌，2014；Lu和Yu，2015）的做法相一致，本书同样将中国成功加入WTO这一事件看作一个准自然实验，在这一准自然实验的基础上，将借鉴倍差法（Differences-in-Difference）的计量策略，意图准确探讨中国加入WTO这一贸易自由化的标志性事件到底如何影响中国制造业企业成本加成？之所以将应用倍差法的计量策略来研究中国加入WTO对企业成本加成影响，很大程度上取决于倍差法所具有的优点，学术界和研究者们普遍认为，倍差法的计量策略可以十分有效地处理回归过程中不可观测的企业个体效应对本书研究结论可能造成的影响，从而有效降低计量分析

过程中可能存在的内生性偏误。

具体倍差法策略下计量模型设定过程中，由于 Sivadasan（2008）及毛其淋和盛斌（2014）模型的设定方法与 Guadalupe 和 Wulf（2010）及 Lu 和 Yu（2015）所采用模型的设定方法存在一定的差异，并且都有一定的优点，因此，本书采用两种模型设定方法同时参考两者的模型设定方法来对倍差法计量模型进行设定，分别作为基准计量检验与稳健性检验的内容，从而更为全面地考察中国加入 WTO 对制造业企业成本加成可能造成的影响。

（一）基准计量模型

首先，本书将采用与 Sivadasan（2008）及毛其淋和盛斌（2014）相类似倍差法模型设定策略对本书研究主题进行探讨，具体计量模型的设定如式（6-1）所示：

$$\text{markup}_{ijkt} = a_0 + a_1 \text{shock}_k \times E(WTO)_t + a_2 X_{ijkt} + v_j + v_k + v_t + \varepsilon_{ijkt} \qquad (6-1)$$

其中，markup 表示企业成本加成；shock_k 为冲击行业虚拟变量，表示行业 k 为受 2001 年中国入世冲击行业；E（WTO）为中国加入 WTO 的虚拟变量，这一虚拟变量的设定过程中，考虑到中国于 2001 年 11 月正式加入 WTO，在中国加入 WTO 的具体年份设定中，本书采用与毛其淋和盛斌（2014）、Lu 和 Yu（2015）相一致的设定方法，本书同样将受中国加入 WTO 冲击的年份设定为 2002 年及以后的年份，具体来说，本书设定 2002 年之前年份的 E（WTO）的数值为 0，2002 年及以后年份 E（WTO）的数值为 1；X 为一系列控制变量的集合；v_j、v_k、v_t 分别为地区、行业和年份控制因素，ε_{ijkt} 为随机扰动项。控制变量 X 的添加过程中，在结合本书计量模型设定的目的，并且参照本书第五章实证设定以及相关文献的基础上，将添加企业生产率、企业规模、企业盈利状况、企业经营年限等变量作为本文的其他控制变量，以确保研究结论的可靠性和稳定性。

（二）稳健性检验

计量分析过程中，在式（6-1）中模型设计的基础上，为了有效确保本书研究结论的可靠性，在中国加入 WTO 如何影响其企业成本加成的倍差法计量模型设定中，本书进一步采用与 Guadalupe 和 Wulf（2010）、Lu 和 Yu（2015）相类似的倍差法策略的模型设定进行回归分析，具体计量模型的设定如式（6-2）所示：

$$markup_{ijkt} = a_0 + a_1 tariff_{k2001} \times E(WTO)_t + a_2 X_{ijkt} + v_j + v_k + v_t + \varepsilon_{ijkt} \qquad (6-2)$$

其中，除变量 $tariff_{k2001}$ 外，式（6-2）中各变量与式（6-1）中模型变量含义基本保持一致，$tariff_{k2001}$ 表示 2001 年 k 行业的进口关税均值，后续实证分析过程中，本书将分别采用二分位和四分位的进口关税均值来对这一变量进行衡量，以确保研究结论的可靠性。

在后续式（6-1）和式（6-2）的具体计量回归分析过程中，为了有效控制可能存在的异方差和序列相关问题对本书研究结果可能造成的影响，与 Bertrand 等（2004）、Lu 和 Yu（2015）对类似问题的处理方法相一致，将在计量检验过程中采用聚类于行业层面的标准误进行回归分析。

（三）变量设定

本章上述模型设定依据后续实证分析过程中所采用的关键变量以及相关控制变量的具体设定过程与选择依据如下：

1. 关键变量

（1）企业成本加成（markup）：企业成本加成作为本文的因变量，为了确保研究结果的可靠性与稳定性，与第五章中实证检验的变量设定方法相一致，本书同样采用与 De Loecker 和 Warzynski（2012）相一致的生产函数方法来对 1999~2005 年中国制造业企业成本加成进行测算。这一企业成本加成测算方法在理论框架与实践效果上均十分可靠，并且已经获得了学术界的普遍认可和广泛使用。本书所采用企业成本加成方法的具体测算方法介绍、数据处理以及测算过程可以参见第四章中国制造业企业成本加成测算的相关内容。

（2）冲击行业虚拟变量（shock$_k$）：冲击行业虚拟变量的设定中，本书设定受中国加入 WTO 冲击的行业虚拟变量为 1，其余行业设定为 0，在具体受中国加入 WTO 冲击的行业选择过程中，我们将根据不同的受冲击标准进行选择。然而，为什么需要选择受中国加入 WTO 冲击的行业呢？这主要是由于在中国加入 WTO 前后部分行业可能存在这样一种情况，即在中国加入 WTO 之前，其产品进口关税的实际水平就已经处于低位，并且中国加入 WTO 之后，这些行业的进口产品关税数值变化也较小，甚至未发生显著变化，那么，这一情形下，该行业受中国加入 WTO 的冲击显然微乎其微，因此，在研究过程中，需要将受中国加入 WTO 冲击的行业进行确定，从而可以在进一步的实证分析过程中更为有效地检验中国加入 WTO 对企业成本加成的真实影响。

具体受中国加入 WTO 冲击行业的选择过程，本书采用了与 Sivadasan（2008）及毛其淋和盛斌（2014）相类似的受冲击行业选择方法，从而确定受中国加入 WTO 冲击的行业，冲击行业虚拟变量的具体设定方法如下：

首先，我们计算了 1999~2002 年这一时间区间中国制造业各二分位行业进口关税的实际减让比率 $\left(\dfrac{\text{OutputTariff}_{k2002}-\text{OutputTariff}_{k1999}}{\text{OutputTariff}_{k1999}}\right)$，具体各二分位行业的详细进口关税减让比率见本书附表 6-1。

其次，我们进一步对本书上述各二分位行业进口关税的减让比率进行由小到大排序，并采用与 Sivadasan（2008）及毛其淋和盛斌（2014）相一致的做法，以其进口关税减让比率的 33% 作为进口产品关税减让的门槛值，设定超越这一进口关税减让门槛值的行业即为受中国加入 WTO 冲击的行业，即设定这些行业的冲击行业虚拟变量为 1，其余未超越这一门槛的行业的冲击行业虚拟变量则为 0，即为未受冲击行业。

最后，在上述关税减让门槛值设定的基础上，为确保冲击行业虚拟变量设定的可靠性，特别地，我们进一步更换进口关税减让门槛值，采用与毛其淋和盛斌（2014）相一致的做法，进一步将关税减让门槛更换为均值，超越这一关税减让门槛的行业即为受中国加入 WTO 冲击的行业，设定这些行业的冲击行业虚拟变量为1，其余未超越这一门槛的行业的冲击行业虚拟变量则为0，即为未受冲击行业。

此外，本书还分别汇报了以33%以及进口关税减让的均值为门槛值情形下的具体受冲击行业，具体来说，以均值为进口关税减让门槛值情形下的具体受冲击行业参见本书附表6-2，以33%为进口关税减让门槛值情形下的具体受冲击行业参见本书附表6-3。

（3）进口关税均值（tariff$_{k2001}$）：进口关税行业均值这一指标的测算方法种类繁多，并各有应用。2001 年各行业进口关税的求解过程中，由于本书所采用的 2001 年进口关税原始指标为 HS6 分位数据，具体进口关税指标的测算过程中，通过对现有研究中进口关税测算方法进行比较并结合所采用数据的自身特征，最终选择了与毛其淋和盛斌（2014）、Lu 和 Yu（2015）相一致的关税法来对中国分行业的进口关税进行直接测算。为了有效降低进口关税指标均值加权处理可能存在的测量偏误，本书在 2001 年各行业进口关税的求解过程中以及随后的计量检验过程中，将分别采用进口关税四分位行业层面的进口关税数据来对 2001 年各行业进口关税指标进行度量，从而有效确保了研究结论的可靠性。

同时，本书采用1999～2005 年进口关税数据测算了二分位行业的进口关税指标，并以此作为前文冲击行业虚拟变量设定过程中二分位行业进口关税减让比率的测算指标。

本书所采用的与毛其淋和盛斌（2014）、Lu 和 Yu（2015）相一致的进口关税指标的具体测算方法如下：

首先，中国所采用进口产品关税数据的主要原始指标来自 WTO 官方网站，然而，由于 WTO 中这一数据可使用数据样本区间为 1996~1997 年以及 2001 年之后的数据，因此，为了构成完成时序，进一步采用世界银行中 1998~2000 年关税数据作为其补充。

其次，由于世界银行 1998~2000 年进口产品关税数据为 HS8 位数代码，为了统一表达，本书将其归并为 HS6 位码水平，同时，需要注意的是这一环节得到数据的协调编码版本为 HS1996 版本，而相对应的 2001~2005 年数据的协调编码为 HS2002 版本，为了进一步统一，本书采用联合国统计司的 HS1996 与 HS2002 的转换表对世界银行数据进行处理，进而，将所有关税数据统一转化为 HS2002 版本下的 HS6 位码数据。

最后，为了与中国工业企业数据相匹配，并保持行业分类的方法一致，本书将 HS2002 产品代码统一转化为《国民经济行业分类与代码》（GB/T4754-2002）中的分类标准，进而通过关税法求解得到行业关税均值。最终，依据上述实证检验的要求，分别求解得到了《国民经济行业分类与代码》（GB/T4754-2002）标准下的 1999~2005 年二分位进口关税指标和 2001 年四分位代码下中国分行业进口关税指标。

2. 控制变量

在本书计量模型式（6-1）和式（6-2）中，添加了可能对企业成本加成构成影响的企业生产率（TFP）、企业规模（scale）、企业盈利状况（profit）、企业工资水平（wage）、企业经营年限（age）等变量作为控制变量，从而有效确保研究结论的可靠性和稳定性，同时，在回归过程中进一步添加了地区、年度和行业等稳健性控制变量。

（1）企业生产率（TFP）：企业生产率显然将对企业成本加成造成影响。全要素生产率的估算方法中，适用于微观企业数据估算的主要是固定效应、半参数方法和 GMM 等计量方法（鲁晓东和连玉君，2012），而 OP 法（Olley 和 Pakes，1996）作为较早提出的半参数方法与 OLS 回归估算索罗余值等方法相比来说，可以更好地解决内生性和选择性偏误的问题，被较多的研究者接受（刘巳洋等，2009；聂辉华和贾瑞雪，2011），但由于 OP 法采用企业投资额作为代理变量，针对微观企业数据中大量企业年度投资额缺失引起的数据丢失问题①，Levinsohn 和 Petrin（2003）进一步提出 LP 法，LP 法采用中间投入品作为代理变量大幅提高了数据的使用效率，也赢得了不少研究者的青睐（张杰等，2010）。然而，鲁晓东和连玉君（2012）通过对这两种方法进行对比认为，从数据估计结果来看，LP 法与 OP 法相比并不存在显著优势。出于对研究结果稳健性的考究，本书分别采用 LP 法（Levinsohn 和 Petrin，2003）估算的企业全要素生产率作为企业生产率水平的衡量指标。具体采用 LP 法（Levinsohn 和 Petrin，2003）估算企业全要素生产率的过程中，不同研究者对各变量的设定存在部分差异，本书根据多数研究者的一般做法，采用工业增加值衡量企业的产出，采用全年企业从业人员平均人数来衡量劳动投入，采用工业中间投入合计衡量中间投入品，采用固定资产总值衡量资本存量。

（2）企业规模（scale）：企业规模对企业成本加成构成显著影响，新贸易理论也尤为强调企业规模的作用，第三章中不同规模企业成本加成典型特征以及第五章具体回归分析结果也均表明，企业规模与企业成本加成构成显著影响。此外，已有研究中 Bellone 等（2008）与 Atkin 等（2015）也均证明企业规模对企业成本加成构成十分重要的影响。中国当前情况下，企业规模不同，一方面其自身采用高生产率技术和优化配置资源的能力存在较大差距，另一方面，不同规模的企业其社会信誉和政府支持力度也存在较大差别，这些因素进一步扩大了不同规模企业成本加成可能存在的差异。为有效控制企业规模可能

---

① 由于 OP 法估算企业全要素生产率采用投资作为可观测生产率的代理变量，鲁晓东和连玉君（2012）对 1999~2007 年样本数据处理时发现仅有 44% 的企业有对应的投资数据，由于本书采用的数据匹配方法更为精确，本书样本数据中约 49.96% 的样本中存在对应的投资数据，但求解的企业全要素生产率值的数据特征基本一致。

对本书研究结论构成的影响，参照已有研究的做法，采用企业年度平均员工人数来对企业规模进行衡量（张杰等，2010）。

（3）企业盈利水平（profit）：企业盈利一方面反映了企业当前现金流状况的好坏，而现金流状况的好坏又直接反映了当前企业的资金约束状况的好坏，这对于企业是否有能力扩大生产规模、采用新技术，进而对其企业成本加成构成影响都有着良好的反映；另一方面，企业盈利状况又是对企业成本加成的直接方法，众多研究已经表明，企业成本加成能很好地反映对于企业的贸易利得等构成；反过来说，企业贸易利得也在一定程度上反映了企业的成本加成，而企业盈利状况又是反映企业贸易利得的重要指标，从上述两个方面来看，企业盈利状况都是将对企业成本加成构成显著影响。为了在有效考察企业盈利状况影响的同时，控制企业规模效应可能存在的影响，本书采用了已有研究的通行做法，使用企业利润总额与企业产品销售收入的比值来对企业盈利状况进行衡量。

（4）企业工资水平（wage）：企业工资水平一方面反映了企业在生产过程中所处产业价值链位置的不同，中国目前大量代工企业和原材料初级加工企业的工资水平依然较低，这决定着工资水平不同的企业其企业成本加成水平可能存在较大的差异；另一方面，企业工资水平也在一定程度上反映了企业实际的贸易利得，一般来说企业的贸易利得与企业员工的收益成正比，而企业的贸易利得在一定程度上反映了企业成本加成的大小，而已有研究也认为企业成本加成对其贸易利得有着很好的衡量（钱学锋和范冬梅，2015），因此，企业工资水平可能通过上述两个方面对企业成本加成构成了影响，并且第五章实证研究结果也表明，企业工资水平对其成本加成构成显著影响。因而，为了保证回归结论的可靠性，借鉴了已有研究的通行做法，采用企业本年应付工资与企业年平均职工人数的比值来对企业工资水平进行衡量。

（5）企业经营年限（age）：企业经营年限的长短对企业管理水平及生产

设备状况构成影响，一般来说，企业经营年限过长容易导致其经营疲乏，其生产设备也容易老化，从这些角度来看，企业经营年限因素势必将对企业在其行业市场中话语权及市场势力构成显著的影响，进而，企业经营年限将在一定程度上对企业的成本加成造成影响。为了有效控制企业经营年限对本书实证结果可能造成的影响，本书采用已有研究中的通行做法，使用本年度与企业创立年份之差对企业经营年限进行衡量。

（四）数据处理

为有效检验中国加入 WTO 对中国制造业企业成本加成可能构成的影响，本书将采用国家统计局统计的 1999～2005 年中国工业企业数据中所有的制造业企业数据来对本书研究假定进行检验。中国工业企业数据包含了全部国有工业企业以及年销售额在 500 万元以上的非国有工业企业，这一数据库具有样本数据量比较大，样本指标相对齐全等显著优点，这一数据库包含了企业自身特征以及财务特征等 100 多项指标，也因此，是已知较为权威的企业层面数据。

为有效处理中国工业企业数据自身存在的样本匹配混乱等问题，在进行设计严格的计量检验之前，本书首先需要对中国工业企业数据进行精确匹配处理。在数据的具体匹配过程中，需要面对部分企业的代码丢失、重复甚至可能存在的企业兼并活动而导致的企业代码更换等问题。为保证可以充分有效地利用中国工业企业中的样本数据，本书采用了与 Brandt 等（2012）相一致的逐年数据匹配方法来对中国工业企业数据进行匹配，Brandt 等（2012）设计的中国工业企业数据匹配方法具有众多的优点，其中最关键的在于这一方法不仅充分利用了企业代码的信息，还可以进一步利用企业名称、法人名称，以及省地代码等一系列其他信息，通过这种方法可以将以往数据匹配中无法使用的无企业代码样本，及受企业兼并等活动影响的无法准确识别的样本进行有效利用。

Brandt 等（2012）也分享了其提出的逐年匹配方法的具体程序①。

在制造业企业样本行业的具体选取过程中，本书首先采用以《国民经济行业分类与代码》（GB/T4754-2002）为分类标准的二位数行业代码来对研究样本进行划分。更进一步地，本章研究样本所在行业的具体选择方面，由于本书研究目的专注于中国制造业企业成本加成的研究，因此，本书通过筛选最终保留了以中国政府认定和通行的《国民经济行业分类与代码》（GB/T4754-2002）为标准的二分位行业代码中 13～41 的所有制造业企业数据，此外，值得注意的是，由于行业代码划分中，中国工业企业数据库未提供行业代码为38 的企业样本，因此本章研究样本中未包含这一部分数据。

为有效解决中国工业企业数据的数据采集过程和整理过程中可能存在的样本匹配混乱、指标大小异常、测量误差明显以及变量定义模糊等问题（聂辉华等，2012）。本书借鉴了以往文献的通行做法，采用与 Cai 和 Liu（2009）、聂辉华等（2012）等相一致的中国工业企业数据处理的标准剔除程序对所采用样本中的变量遗漏以及异常值等问题进行处理。具体来说：样本数据处理过程中，本书剔除了重要信息缺失的样本（例如，年平均员工人数，企业固定资产净值等关键指标缺失），员工人数过少（一般以员工少于 10 作为标准）以及不符合标准会计准则的样本（例如，流动资产净值大于企业固定资产总额，利润率大于 1 等）。同时，为了排除异常值对研究结果可能造成的影响，在企业成本加成结果测算完成后，将对研究样本按照企业成本加成的数值大小进行排序，并且对位于企业成本加成前后 1% 的研究样本进行截尾处理。

（五）主要数据特征

为了更为直观地展示本书后续回归分析过程中所采用的样本数据以及相关变量的详细特征，表 6-1 中进一步详细报告了本书主要变量的描述性统计值。

---

① 本书所参考的 Brandt 等（2012）提出的中国工业企业数据具体匹配方法的链接如下：http://www. econ. kuleuven. be/public/N07057/CHINA/appendix/。

表 6-1　主要变量描述性统计值

变量	变量含义	样本数	均值	标准差	最小值	最大值
markup	企业成本加成	1040759	1.222	0.794	0.266	6.773
tariff4	2001 年进口关税均值	1000450	17.35	10.09	0	63
E（WTO）	加入 WTO 虚拟变量	1040759	0.660	0.470	0	1
shock	冲击行业虚拟变量	1040815	0.260	0.440	0	1
TFP	企业生产率	1040759	4.074	0.732	1.468	6.438
scale	企业规模	1040759	219.94	374.97	10	52100
profit	企业盈利水平	1040759	0.0237	0.143	−26.494	48.24
wage	企业工资水平	1040759	10.817	9.355	0.0203	2838
age	企业经营年限	1040759	11.194	11.345	1	106

三、中国加入 WTO 对企业成本加成影响的实证检验

（一）基准回归分析

在基准回归分析中，本书将采用式（6-1）设定的计量模型进行实证分析，为了有效控制可能存在的异方差和序列相关等问题对研究结果可能造成的影响，与 Bertrand 等（2004）、Lu 和 Yu（2015）对类似问题的处理方法相一致，本书将在计量检验过程中采用聚类于行业层面的标准误进行回归分析。

在具体冲击行业虚拟变量设定方法的选择中，与 Sivadasan（2008）以及毛其淋和盛斌（2014）相一致的做法，本书将首先采用以其进口关税减让比率的 33% 作为进口产品关税减让的门槛值，来对受中国加入 WTO 冲击的行业虚拟变量进行设定。同时，具体回归分析过程中，我们将通过逐步添加控制变量的方法来考察本书回归结果是否稳健。为了确保研究结论的可靠性，本书将在基准回归分析的过程中分别采用最小二乘法和固定效应方法进行逐步添加控制变量回归，以确保基准回归结果的可靠。表6-2显示了全样本最小二乘法的回归结果。

表6-2　全样本基准回归分析（最小二乘法）

	（1）33%门槛	（2）33%门槛	（3）33%门槛	（4）33%门槛	（5）33%门槛	（6）33%门槛
shock×E（WTO）	−0.0202***	−0.0229***	−0.0225***	−0.0226***	−0.0202***	−0.0186***
	（−5.58）	（−7.39）	（−7.36）	（−7.40）	（−6.65）	（−6.16）
TFP		0.5891***	0.6355***	0.6357***	0.6673***	0.6711***
		（425.22）	（303.11）	（301.69）	（172.94）	（169.96）
scale			0.0003***	0.0003***	0.0004***	0.0004***
			（31.13）	（31.05）	（30.29）	（28.99）
profit				0.0003***	0.0003***	0.0003***
				（3.71）	（3.75）	（3.79）
wage					0.0101***	0.0100***
					（9.85）	（9.84）
age						−0.0041***
						（−37.42）
常数项	1.4583***	3.7703***	3.9054***	3.9059***	3.9013***	3.9677***
	（186.21）	（422.72）	（376.10）	（373.93）	（369.01）	（337.20）
R²	0.0493	0.3277	0.3459	0.3459	0.3576	0.3605
样本数	1040759	1040759	1040759	1037389	1037389	1037389

注：括号中值为 t 统计量；"***""**""*"分别表示在1%、5%和10%的水平上显著；为了排除可能存在的异方差对研究结果的影响，各模型均采用聚类到行业层面的标准误进行回归，各模型均控制了企业对应的年份、地区和产业固定效应。

从表6-2中逐步添加变量的全样本最小二乘法回归结果，可以得到以下几点结论：

中国加入 WTO 显著降低了企业成本加成。由表6-2中模型（1）至模型（6）中交互项 shock×E（WTO）的回归结果可以发现，交互项的回归系数均在1%的统计水平上显著为负，这一结果说明，中国加入 WTO 显著降低了中国制造业企业成本加成，并且通过逐步添加控制变量可以发现，交互项的回归系数一直为负，这一回归结果是十分稳健性的。同时，这一研究结论与本书研究假设也是相一致的。

此外，值得注意的是，表6-2回归分析中的可决系数在逐步添加控制变量的过程中逐渐增大，这一结果也进一步表明了本书模型设定中添加的余下控制变量是十分有效的。

梳理出现上述实证结果的经济学逻辑，可以发现，中国加入WTO将带来一定幅度的本国进口产品关税减让，而这一系列进口关税减让的行为势必将导致大量外部企业的蜂拥而入，而这一事实显然将提升本国企业所面临的外部企业的市场竞争强度，同时，以余淼杰（2011）等为代表的已有研究也已经证明最终产品的进口关税减免将强化企业间在本土市场的竞争。因此，在这一情形下，为了能够在激烈的市场竞争中得以生存，本国企业势必将降低其企业成本加成来应对外部企业与本国竞争对手的挑战，通过上述途径，中国加入WTO最终导致本国企业成本加成的降低。

表6-2中其余控制变量方面：

（1）企业生产率提升有助于中国制造业企业成本加成的提升。表6-2模型（2）~模型（6）中企业生产率的回归系数均在1%的统计水平上显著为正，这说明，企业生产率进步促进了企业成本加成的提升，并且这一结论是十分稳健的，这也与大家的一般预期是一致的，企业生产水平越高企业的市场势力与贸易利得也相应越高，随之企业成本加成也越高，同时，这一研究结论与盛丹和王永进（2012）、任曙明和张静（2013）等研究结论也是相一致的。

（2）企业规模与企业成本加成呈正相关关系。表6-2模型（3）~模型（6）中企业规模的回归系数均在1%的统计水平上显著为正，这一回归结果表明，企业规模越大其企业成本加成也越高，梳理其中的逻辑，不难理解，企业规模扩张带来的规模经济降低了企业单位产品的生产成本，与外部竞争情况一致的情形下，企业售价如果保持不变，那么，企业成本加成将随之提高，而这一研究结论与第五章中回归结果，以及任曙明和张静（2013）、Atkin 等

（2015）等已有文献中的研究结论是一致的。

（3）企业盈利水平有利于企业成本加成的提升。表6-2模型（4）~模型（6）中企业盈利水平的回归系数均在1%的统计水平上显著为正，这一研究结果表明，企业盈利水平越高企业成本加成也越高。不难理解，企业成本加成部分反映了企业的贸易利得，而贸易利得与企业盈利水平则显著正向关系，因此，企业盈利水平与企业成本加成呈现正向关系。

（4）企业工资水平与企业成本加成呈正相关关系。表6-2模型（5）~模型（6）中企业工资水平的回归系数均在1%的统计水平上显著为正，这一结果表明，企业工资水平越高其企业成本加成也越高，从经济学逻辑上来说，企业工资水平较高说明企业贸易利得较高，而企业贸易利得则部分决定于企业成本加成，因而企业工资水平与企业成本加成呈正相关关系也就不难理解啦。

（5）企业经营年限不利于企业成本加成的提升。表6-2模型（6）中企业经营年限的回归系数均在1%的统计水平上显著为负，表明总体上来说，企业经营年限越高企业成本加成越低，梳理其中的经济学逻辑，由于企业经营年限的长短决定着企业管理水平及生产设备状况构成影响，就中国的实际情况来说，国有企业的企业经营年限普遍较长，非国有企业经营年限相对则较短，过长的经营年限容易导致其经营疲乏，企业生产设备也容易老化。从这些角度来看，容易理解，企业经营年限因素势必将在一定程度上对企业的成本加成造成负面影响。因而，总体均值水平上，企业的经营年限越长其企业成本加成将会越低。

特别地，为了确保研究结论的可靠性，将在基准回归分析的过程中进一步采用固定效应方法进行逐步添加控制变量的回归分析，来确保本书基准回归结果的可靠性。表6-3显示了全样本固定效应法的回归结果。

由表6-3中逐步添加控制变量全样本固定效应法的回归结果，可以得到以下几点结论：

表 6-3　全样本基准回归分析（固定效应）

	（1）	（2）	（3）	（4）	（5）	（6）
	33%门槛	33%门槛	33%门槛	33%门槛	33%门槛	33%门槛
shock×E（WTO）	−0.0039	−0.0119***	−0.0115***	−0.0119***	−0.0097***	−0.0097***
	（0.92）	（−3.54）	（−3.46）	（−3.56）	（−2.91）	（2.92）
TFP		1.0052***	1.0092***	1.0097***	1.0184***	1.0184***
		（410.07）	（395.28）	（394.11）	（362.78）	（362.70）
scale			0.0002***	0.0002***	0.0002***	0.0002***
			（6.30）	（6.27）	（6.42）	（6.41）
profit				0.0002***	0.0002***	0.0002***
				（3.07）	（3.08）	（3.08）
wage					0.0058***	0.0058***
					（8.02）	（8.02）
age						−0.0005***
						（−3.20）
常数项	0.5739***	4.7173***	4.8820***	4.9807***	4.8870***	4.7375***
	（14.24）	（106.87）	（159.73）	（168.98）	（165.46）	（98.81）
R^2	0.0111	0.5313	0.5327	0.5330	0.5362	0.5363
样本数	1040759	1040759	1040759	1037389	1037389	1037389

注：括号中值为 t 统计量；"***""**""*"分别表示在 1%、5%和 10%的水平上显著；为了排除可能存在的异方差对研究结果的影响，各模型均采用聚类到行业层面的标准误进行回归，各模型均控制了企业对应的年份、地区和产业固定效应。

（1）中国加入 WTO 这一贸易自由化事件显著地降低了企业成本加成。表 6-3 中模型（1）~模型（6）中交互项 shock×E（WTO）的回归系数均为负，中国加入 WTO 显著降低了企业成本加成，可以发现，虽然模型（1）中交互项的回归系数并不显著，但是逐步加入控制变量后，交互项均在 1%的统计水平上显著为负，这一结果说明，逐步加入控制变量进行回归的做法是十分可靠的，中国加入 WTO 的确降低了中国制造业企业成本加成，并且这一回归结果是十分稳健性的。同时，这一研究结论也进一步证明本书研究假设是十分可靠的。值得注意的是，表 6-3 的回归分析中的可决系数在逐步添加控制变量的过程中逐渐增大，这一结果也进一步表明了模型设定中添加的余下控制变量是十分有效性。

同时可以发现，表6-3中的交互项的回归结果与表6-2是基本保持一致的，本书研究结论并未因为回归方法的改变而存在显著差异，这一现象也证明本书所采用模型总体上是可靠的。

（2）表6-3中其余控制变量方面：其余控制变量的回归结果，与表6-2中的回归结果并无显著的差异，并且其中的内在机理也是相一致的，这也进一步证明表6-2最小二乘法回归结果是十分稳健的，这也进一步证明了模型设定和研究结论是十分可靠的。

在利用模型6-2进行基准回归分析的过程中，进一步采用替换门槛值的方法进行回归分析，来确保研究结论的可靠性。具体来说，在关税减让门槛值的设定过程中，为确保冲击行业虚拟变量设定的可靠性，我们进一步更换进口关税减让的门槛值，采用与毛其淋和盛斌（2014）相一致的做法，将关税减让门槛值更换为进口关税的均值，超越这一关税减让门槛的行业即为受中国加入WTO冲击的行业，设定这些行业的冲击行业虚拟变量为1，其余未超越这一门槛的行业的冲击行业虚拟变量则为0，即未受冲击行业。

具体回归分析过程中，我们同样将通过逐步添加控制变量的方法来考察本文回归结果是否稳健。为了确保研究结论的可靠性，本书将在替代变量的回归过程中使用固定效应方法进行逐步添加控制变量回归，以确保替代变量回归结果的可靠性。表6-4显示了替代变量固定效应法的回归结果。

由表6-4中逐步添加变量的替代变量固定效应法的回归结果，可以得到以下几点结论：

（1）中国加入WTO这一贸易自由化事件降低了制造业企业成本加成。表6-4中模型（1）~模型（6）中交互项shock×E（WTO）的回归系数均为负，中国加入WTO显著降低了企业成本加成，中国加入WTO对中国制造业企业成本加成的负面影响并未因为进口关税门槛值的改变而产生差异，这一研究结论也再次证明本书研究假设是十分可靠的。值得注意的是，与表6-3中回归结果相一致，表6-4模型（1）中交互项的回归系数并不显著，但是逐步加入控制变量后，交互项均在1%的统计水平上则显著为负，这一结果进一步说明，逐步加入控制变量进行回归的做法是十分可靠的，并且中国加入WTO降低了中国制造业企业成本加成是十分稳健性的。特别地，表6-4回归分析中的可决系数在逐步添加控制变量的过程中逐渐增大，这一结果也同样表明本书模型设定中添加的余下控制变量是十分有效的。

表6-4　替代变量回归分析（固定效应）

	（1）	（2）	（3）	（4）	（5）	（6）
	均值门槛	均值门槛	均值门槛	均值门槛	均值门槛	均值门槛
shock×E （WTO）	−0.0044	−0.0115***	−0.0116***	−0.0113***	−0.0125***	−0.0124***
	（−1.17）	（−3.85）	（−3.91）	（−3.81）	（−4.20）	（−4.19）
TFP		1.0052***	1.0092***	1.0097***	1.0184***	1.0184***
		（410.05）	（395.27）	（394.10）	（362.70）	（362.62）
scale			0.0002***	0.0002***	0.0002***	0.0002***
			（6.30）	（6.27）	（6.42）	（6.41）
profit				0.0002***	0.0002***	0.0002***
				（3.08）	（3.08）	（3.08）
wage					0.0058***	0.0058***
					（8.02）	（8.02）
age						−0.0004***
						（−3.18）
常数项	0.5720***	4.8603***	4.9631***	4.9788***	4.7219***	4.7252***
	（14.19）	（159.29）	（168.43）	（168.78）	（98.85）	（98.85）
R^2	0.0111	0.5313	0.5327	0.5330	0.5363	0.5363
样本数	1040759	1040759	1040759	1037389	1037389	1037389

注：括号中值为t统计量；"***""**""*"分别表示在1%、5%和10%的水平上显著；为了排除可能存在的异方差对研究结果的影响，各模型均采用聚类到行业层面的标准误进行回归，各模型均控制了企业对应的年份、地区和产业固定效应。

值得注意的是，表6-4中的交互项的回归结果与表6-2、表6-3中交互项的回归结论是基本保持一致的，研究结论并未因为关税减让门槛值的重新设置和回归方法的改变而存在显著差异，这一现象也证明本书所采用模型总体上是十分稳定和可靠的。

（2）其余控制变量方面：可以发现，表6-4中其余控制变量的回归结果，与表6-2、表6-3中的控制变量的回归结果并没有十分显著的差异，并且其中的内在机理也是基本一致的，这一现象也进一步表明本书模型设定和研究结论是十分可靠的。

（二）稳健性检验

在稳健性检验过程中，将进一步采用与 Guadalupe 和 Wulf（2010）、Lu 和 Yu（2015）相类似的倍差法策略的模型设定进行回归分析，具体实证检验过程中，本书将采用式（6-2）设定的计量模型来对中国加入 WTO 对企业成本加成的影响进一步进行实证检验。与上述实证检验过程的做法相一致，为了有效控制可能存在的异方差和序列相关等问题对研究结果可能造成的影响，与 Bertrand 等（2004）、Lu 和 Yu（2015）对类似问题的处理方法相一致，稳健性检验过程中，本书将采用聚类于行业层面的标准误进行回归分析。

具体实证分析过程中，本书同样将通过逐步添加控制变量的方法来对研究假设的稳健进行检验，将继续使用固定效应方法进行逐步添加控制变量回归实证结果的稳定性。表6-5显示了全样本回归结果。

表6-5　全样本回归分析（固定效应）

	（1）	（2）	（3）	（4）	（5）	（6）
tariff×E （WTO）	-0.0010^{***}	-0.0019^{***}	-0.0019^{***}	-0.0020^{***}	-0.0019^{***}	-0.0019^{***}
	(-5.21)	(-12.17)	(-12.61)	(-12.77)	(-12.51)	(-12.54)
TFP		1.0060^{***}	1.0101^{***}	1.0104^{***}	1.0193^{***}	1.0192^{***}
		(401.66)	(386.73)	(385.58)	(353.07)	(352.97)

续表

	(1)	(2)	(3)	(4)	(5)	(6)
scale			0.0002***	0.0002***	0.0002***	0.0002***
			(6.15)	(6.13)	(6.28)	(6.26)
profit				0.0002***	0.0002***	0.0002***
				(3.06)	(3.07)	(3.07)
wage					0.0058***	0.0059***
					(7.61)	(7.61)
age						−0.0005***
						(−3.42)
常数项	0.5062***	4.7678***	4.8022***	5.2623***	4.7439***	5.2529***
	(9.10)	(162.98)	(103.80)	(176.77)	(96.36)	(182.07)
R^2	0.0111	0.5318	0.5333	0.5335	0.5368	0.5368
样本数	1000450	1000450	1000450	997208	997208	997208

注：括号中值为 t 统计量；"***""**""*"分别表示在 1%、5% 和 10% 的水平上显著；为了排除可能存在的异方差对研究结果的影响，各模型均采用聚类到行业层面的标准误进行回归，各模型均控制了企业对应的年份、地区和产业固定效应。

由表 6-5 逐步添加变量的固定效应法的回归结果，可以得到以下几点结论：

（1）中国加入 WTO 显著降低了企业成本加成。由表 6-5 可以发现，表中模型（1）～模型（6）中交互项 tariff×E（WTO）的回归系数均在 1% 的统计水平上显著为负，这一结果意味着，2001 年进口关税较高的企业比 2001 年进口关税较低的企业在 2002 年及以后年份企业成本加成降低的幅度更大。鉴于 2001 年关税更高的产业将在 2002 年及以后经历更大幅度的关税减让，因而交互项的这一实证结果意味着，中国加入 WTO 显著降低了企业成本加成。这一分析的逻辑与 Lu 和 Yu（2015）研究的经济学逻辑是相一致的。显然，中国加入 WTO 的确有效降低了中国制造业企业成本加成，这一研究结果也进一步证明了研究假定及上述实证检验的结论是十分稳健的。

（2）表6-5中其余控制变量方面：与前文控制变量的回归结果相一致，企业生产率、企业规模、企业盈利水平、企业工资水平的提升均显著提升了中国制造业企业成本加成的提升，究其原因不管是企业生产率、企业规模、企业盈利水平还是企业工资水平，其都可以通过各种方式改善企业的实际运营进而推动企业成本加成提升。而企业经营年限仍然不利于企业成本加成的提升，原因在于过长的企业经营年限很可能导致企业经营状况的恶化进而抑制了企业加成率的改善。上述控制变量的回归结果与前文已有研究中的回归结论也是相一致的，进一步证明了本书模型构建以及控制变量选择的可靠性。

接下来，我们进一步对本书稳健性检验中全样本回归结果的稳健性进行再次检验。普遍认为，不同所有制企业内部的激励机制可能着存在较大的差异，本书为了考察在不同所有制企业的分样本中，中国加入WTO对企业成本加成影响的内在机理是否存在显著差异，同时，进一步考察不同所有制类型企业中本书假说是否成立，在对全部研究样本进行分所有制样本系统划分的基础上，进行分所有制样本的回归分析。

本书研究样本分所有制子样本的具体划分过程中，本书采用与盛丹和王永进（2012）相一致的划分方法，选择根据中国制造业企业的登记注册类型将全部研究样本企业具体划分为国有企业、民营企业、港澳台企业、外资企业四个所有制类型的分样本。具体回归分析过程中，本书将继续采用式（6-2）设定的计量模型来对中国加入WTO对企业成本加成的影响进一步进行分所有制样本的实证检验。表6-6显示了分所有制样本的实证回归结果。

表6-6 分所有制样本回归结果（固定效应）

	(1)	(2)	(3)	(4)	(5)	(6)	(7)	(8)
	国企	国企	民营	民营	港澳台	港澳台	外资	外资
tariff×E (WTO)	−0.0010 ***	−0.0021 ***	−0.0004	−0.0008 ***	−0.0005	−0.0020 ***	−0.0009	−0.0024 ***
	(−3.64)	(−9.81)	(−1.12)	(−2.79)	(−0.65)	(−3.45)	(−1.13)	(−4.03)

	（1）	（2）	（3）	（4）	（5）	（6）	（7）	（8）
	国企	国企	民营	民营	港澳台	港澳台	外资	外资
TFP		0.9976***		1.0360***		1.0925***		1.1140***
		（205.22）		（232.66）		（138.34）		（141.77）
scale		0.0001***		0.0003***		0.0001		0.0003***
		（5.24）		（6.33）		（1.56）		（5.06）
profit		0.0002**		0.0003**		0.0003**		0.0001
		（2.20）		（2.32）		（2.53）		（0.66）
wage		0.0055***		0.0066***		0.0071***		0.0043***
		（2.91）		（15.88）		（15.85）		（11.61）
age		-0.0003		0.0008***		-0.0027**		0.0010
		（-1.58）		（2.90）		（-2.36）		（0.99）
常数项	1.0367***	4.9824***	1.1762***	5.0599***	0.9920***	5.3796***	1.4008***	5.7842***
	（30.29）	（131.26）	（31.18）	（136.45）	（8.83）	（60.39）	（12.89）	（77.29）
R^2	0.0145	0.5233	0.0145	0.5417	0.0064	0.5831	0.0056	0.5985
样本数	411772	410133	378143	377122	114984	114730	95551	95223

注：括号中值为 t 统计量；"***""**""*"分别表示在 1%、5% 和 10% 的水平上显著；为了排除可能存在的异方差对研究结果的影响，各模型均采用聚类到行业层面的标准误进行回归，各模型均控制了企业对应的年份、地区和产业固定效应。

由表 6-6 中分所有制样本的回归结果，可以得到以下几点结论：

（1）在不同的所有制样本中，中国加入 WTO 均显著促进了企业成本加成的提升。可以发现，表 6-6 模型（1）～模型（8）交互项 tariff×E（WTO）的回归系数均为负，这一结果意味着，各所有制样本中，2001 年进口关税较高的企业比 2001 年进口关税较低的企业在 2002 年及以后的年份企业成本加成降低的幅度更大。鉴于 2001 年关税更高的产业将在 2002 年及以后经历更大幅度的关税减让，因而，本书交互项的这一实证结果意味着中国加入 WTO 显著降低了企业成本加成。这一分析的逻辑与 Lu 和 Yu（2015）研究的经济学逻辑是相一致的。显然，中国加入 WTO 的确有效降低了中国制造业各种所有制企业成本加成。同时，这一回归结果与表 6-5 中的全样本逐步添加控制变量的稳健性回归结果相一致，也就是说，在不同的所有制的制造业企业样本中，中国加入 WTO 均显著降低了企业成本加成，这也进一步证明了研究假说的可靠性与稳定性。

同时，值得注意的是，表 6-6 分所有制样本回归中模型（1）、模型（3）、模型（5）、模型（7）中交互项的显著性在总体上均小于加入其他控制变量的模型（2）、模型（4）、模型（6）、模型（8）。这一现象也进一步证明本书添加控制变量的必要性和可靠性。

（2）相对于其他所有制企业，中国加入 WTO 对民营企业成本加成的影响相对较小。由表 6-6 中模型（2）、模型（4）、模型（6）和模型（8）中交互项 tariff×E（WTO）的回归系数进行对比发现，模型（4）民营企业交互项的回归系数显著小于其他所有制类型行业，这一现象表明，相对于其他企业，民营企业受到的来自中国加入 WTO 行业的冲击相对较小。分析出现这一现象的原因，我们认为，这主要是由民营企业自身所具有的特点所决定的，由于民营企业多集中于劳动密集型行业等中国所有的要素禀赋行业，其自身所具有的独特优势，也是由中国所具有的要素禀赋所决定的，这也导致外部企业与中国民营企业竞争中所具有的优势相对较小，尤其是在全球产业价值链分工的情形下，中国民营企业所具有的独特优势更为显著。因而，中国加入 WTO 导致的外部企业进入对其冲击并没有对其他所有制的冲击那样大。

（3）其余控制变量方面：可以发现，表 6-6 中模型（2）、模型（4）、模型（6）、模型（8）其余控制变量的回归结果中，企业经营年限对不同所有制类型企业成本加成的影响也存在显著差异，对于国有企业来说，企业经济年限的回归系数为负，企业经营年限不利于企业成本加成的提升，这与本书已有检验中的结论是相一致的，显然，这主要是由国有企业自身特征所决定的，一般来说，国有企业的经营年限越长，其企业内部普遍存在的内部治理机制不科学等问题就越明显，也正因为此，国有企业的企业经营年限与企业成本加成往往呈负相关关系。港澳台企业经营年限的回归系数在5%的统计水平上显著为负，这也就是由这些企业的现状所决定的，港澳台企业多为代工企业，这些企业多因订单而建立，企业建立之初订单比较多，随着企业经营年限的增加，这些企业生产的产品逐渐落后，订单随之减少，由于这些企业的建设成本较低，因而很少有厂商以长期经营为目的，因而，企业经营年限与企业成本加成呈现负相关关系。

与国有企业、港澳台企业相反，对于民营企业与外资企业来说，企业经营年限往往显著促进了企业成本加成的提升，出现这一现象同样是由这些所有制企业的特征所决定的，相较于国有企业和港澳台企业，其余所有制类型企业的经营年限普遍较短，并且由于其内部激励机制的更为合理和优越，随着企业经营年限的提升，这些企业的内部治理机制将不断完善，企业运营也将更为合理，进而企业市场势力随之提升，从而促进了企业成本加成的提升。可以发现，不同所有制企业企业经营年限的上述特征与本书已有研究中的结论也是相一致的。

其余控制控制变量的回归结果与表6-5中的其余控制变量的回归结果并没有显现出十分显著的差异，并且其中的内在影响机理与本书已有研究也是基本一致的，而分所有制回归中的这一回归结果也进一步证明了模型设定和研究结论是十分可靠的。

第二节　政府补贴对企业成本加成的影响

一、中国政府补贴的背景

中国加入 WTO 以前，由于处在特殊经济体制改革时期，政府补贴主要作用在于维持企业生存，促进企业发展的意义较小（李扬，1990），国家统计局数据显示，此时企业补贴项目主要分为物价补贴、亏损企业补贴以及减免税三个方面，1978~1987 年中国国内企业补贴总额由 160.03 亿元增加至 733.81 亿元。[①] 随着中国国内全民所有制工业企业经营机制转换的完成，尤其是中国加入 WTO 以后，越来越多的国家开始承认中国的市场经济地位，更多的政府补贴的关联信息也浮出水面。近些年，中国政府补贴的项目在不断增多，2001年中国政府在 WTO 备案的政府补贴项目为 24 项，[②] 2001~2004 年增加到 78项，2005~2008 年进一步增加到 93 项。企业层面，中国上市企业中超过 50%企业接受政府补贴（孔东民等，2013），中国工业企业数据也显示，平均每年约有 12%的企业接受政府补贴，1999~2007 年中国工业企业年度补贴总额从大约 350 亿元增长至 1480 多亿元，这也说明中国政府补贴规模较大，且具有一定的广泛性。[③] 既然中国政府补贴数额较多，那么，哪些企业可以获得补贴呢？中国政府在 WTO 备案的政府补贴项目显示，2008 年以后，亏损国企补

---

① 数据来源：《中国统计年鉴（1988）》。
② 数据来源：《中华人民共和国加入世界贸易组织议定书》附件。
③ 本书根据国家统计局统计的 1999~2007 年中国工业企业数据中补贴收入大于 0 的企业占全部工业企业的百分比得出。

贴、出口补贴等禁止性补贴已逐步取消，当前政府补贴多集中在环保、新能源等新兴产业。值得注意的是，孔东民等（2013）发现企业盈余管理是政府补贴的主要动机之一，亏损企业可以获得更多的政府补贴。虽然截至2008年，中国已基本取消禁止性补贴，但地方政府基于地方利益采取的亏损国企补贴、出口补贴等禁止性补贴仍可能存在。

二、政府补贴影响企业成本加成的研究设计

对于政府补贴如何影响企业成本加成的实证检验，本书采用两种不同的计量模型设定方法来对研究假定进行检验，从而更为全面地考察中国政府补贴对制造业企业成本加成可能造成的影响。

（一）基准计量模型

首先，为有效检验政府补贴对企业成本加成的影响，本书基本计量模型的设定如式（6-3）所示：

$$markup_{ijkt} = a_0 + a_1 subsidydum_{ijkt} + a_2 X_{ijkt} + v_j + v_k + v_t + \varepsilon_{ijkt} \tag{6-3}$$

其中，markup 表示企业成本加成；subsidydum 为政府补贴虚拟变量；X 为一系列控制变量的集合；v_j、v_k、v_t 分别为地区、行业和年份控制因素；ε_{ijkt} 为随机扰动项。控制变量 X 的添加过程中，在结合本书计量模型设定的目的，并且参照本书已有实证设定以及相关文献的基础上，我们将添加企业生产率、企业规模、企业盈利状况、企业经营年限等变量作为本书的其他控制变量，从而确保研究结论的可靠性和稳定性。

（二）稳健性检验

为了有效确保本书研究结论的可靠性，在政府补贴如何影响其企业成本加成的计量检验模型的设定过程中，本书将进一步采用政府补贴收入作为主要解释变量，具体计量模型的设定如式（6-4）所示：

$$markup_{ijkt} = a_0 + a_1 subsidy_{ijkt} + a_2 X_{ijkt} + v_j + v_k + v_t + \varepsilon_{ijkt} \tag{6-4}$$

其中，subsidy 表示政府补贴收入，其余控制变量方面，式（6-4）中各控制变量的含义与式（6-3）中各变量基本保持一致。为了有效控制可能存在的异方差和序列相关问题对研究结果造成的影响，将在后续实证检验过程中采用聚类于行业层面的标准误进行回归分析。

（三）变量设定

本节模型设定中所采用的关键变量以及相关控制变量的具体设定过程与选择依据如下：

1. 关键变量

（1）政府补贴虚拟变量（subsidydum）：政府补贴虚拟变量的设定过程中，为了有效地区分企业是否接受政府补贴，本书设定政府补贴收入大于 0 的企业的政府补贴虚拟变量为 1；反之，设定政府补贴虚拟变量为 0，预期政府补贴虚拟变量的回归系数为负。

（2）政府补贴收入（subsidy）：政府补贴收入作为本书主要解释变量，为了有效对这一变量进行有效度量，在进行有效的实证检验之前，为了有效处理规模效应对这一变量设定的影响，本书采用与孔东民等（2013）一致的政府补贴收入设定方法，具体来说，采用企业政府补贴总额与产品销售收入的比值来对企业补贴收入进行衡量。

（3）企业成本加成（markup）：企业成本加成作为本书的主要被解释变量，为了确保研究结果的可靠性与稳定性，与已有实证检验中这一变量的设定方法相一致，这里同样采用与 De Loecker 和 Warzynski（2012）相一致的生产函数方法来对企业成本加成进行测算。这一企业成本加成测算方法在理论框架与实践效果上均十分可靠，并且已经获得了学术界的普遍认可和广泛使用。企业成本加成方法的具体测算方法介绍、数据处理以及测算过程可以参见第四章中国制造业企业成本加成测算的相关内容。

2. 控制变量

控制变量添加方面，本书采用与既有文献以及本书前文相一致的控制变量选取和设定方法，同样选择采用了企业生产率（TFP）、企业规模（scale）、企业盈利状况（profit）、企业工资水平（wage）、企业经营年限（age）等变量来作为模型的实际控制变量，为了尽可能降低遗漏变量对本文回归结果可能造成的影响，本书在回归过程中同时控制了企业的地区、年度和行业等稳健性控制变量。企业生产率（TFP）、企业规模（scale）、企业盈利状况（profit）、企业工资水平（wage）、企业经营年限（age）的具体设定方法与前文保持一致。

（四）数据处理

本书原始数据为国家统计局统计的 1999～2007 年中国工业企业数据中所有的制造业企业数据，中国工业企业数据包含了全部国有工业企业以及年销售额在 500 万元以上的非国有工业企业，这一数据库具有样本数据量比较大，样本指标相对齐全等显著优点，这一数据库包含了企业自身特征以及财务特征等 100 多项指标。

为有效处理中国工业企业数据自身存在的样本匹配混乱等问题，在进行设计严格的计量检验之前，本书首先需要对中国工业企业数据进行精确匹配处理。在数据的具体匹配过程中，需要面对部分企业的代码丢失、重复甚至可能存在的企业兼并活动而导致的企业代码更换等问题。为保证可以充分有效地利用中国工业企业中的样本数据，本书采用了与 Brandt 等（2012）相一致的逐年数据匹配方法来对中国工业企业数据进行匹配，Brandt 等设计的中国工业企业数据匹配方法具有众多的优点，其中最关键的在于这一方法不仅充分利用企业代码的信息，还可以进一步利用企业名称、法人名称，以及省地代码等一系列其他信息，通过这种方法可以将以往数据匹配中无法使用的无企业代码样本，以及受企业兼并等活动影响的无法准确识别的样本进行有效利用。Brandt

等（2012）也分享了其提出的逐年匹配方法的具体程序。[①]

在制造业企业样本行业的具体选取过程中，本书首先采用以《国民经济行业分类与代码》（GB/T4754-2002）为分类标准的二位数行业代码对本书研究样本进行划分。更进一步地，本章研究样本所在行业的具体选择方面，由于本书研究目的专注于中国制造业企业成本加成的研究，因此，本书通过筛选最终保留了以中国政府认定和通行的《国民经济行业分类与代码》（GB/T4754-2002）为标准的二分位行业代码中 13~41 的所有制造业企业数据，此外，值得注意的是，由于行业代码划分中，中国工业企业数据库未提供行业代码为38 的企业样本，因此本章研究样本中未包含这一部分数据。

为有效解决中国工业企业数据的数据采集过程和整理过程中可能存在的样本匹配混乱、指标大小异常、测量误差明显及变量定义模糊等问题（聂辉华等，2012），本书借鉴了以往文献的通行做法，采用与 Cai 和 Liu（2009）、聂辉华等（2012）等相一致的中国工业企业数据处理的标准剔除程序对本书所采用样本中的变量遗漏以及异常值等问题进行处理。具体来说：样本数据处理过程中，剔除了重要信息缺失的样本（例如，年平均员工人数、企业固定资产净值等关键指标缺失），员工人数过少（一般以员工少于 10 作为标准）以及不符合标准会计准则的样本（例如，流动资产净值大于企业固定资产总额、利润率大于 1 等）。同时，为了排除异常值对研究结果可能造成的影响，在企业成本加成结果测算完成后，将对研究样本按照企业成本加成的数值大小进行排序，并且对位于企业成本加成前后1%的研究样本进行截尾处理。

（五）主要数据特征

为了直观地显示后续回归分析过程中，本书所采用变量的详细特征，表6-7 中进一步详细报告了本书主要变量的描述性统计值。

---

① 本书所参考的 Brandt 等（2012）提出的中国工业企业数据具体匹配方法的链接如下：http：//www. econ. kuleuven. be/public/N07057/CHINA/appendix/。

表 6-7　主要变量描述性统计值

变量	变量含义	样本数	均值	标准差	最小值	最大值
subsidydum	政府补贴虚拟变量	1555487	0.124	0.329	0	1
subsidy	政府补贴收入	1555543	0.003	0.351	0	32.308
markup	企业成本加成	1555487	1.145	0.721	0.242	6.181
TFP	企业生产率	1555487	4.146	0.737	1.468	6.438
scale	企业规模	1555487	200.57	312.88	10	52100
profit	企业盈利水平	1555487	0.028	0.130	−26.494	48.24
wage	企业工资水平	1555487	12.344	10.345	0.0203	2838
age	企业经营年限	1555487	10.429	10.480	1	108

三、政府补贴对企业成本加成影响的实证检验

（一）基准回归结果

在基准回归过程中，本书将采用式（6-3）设定的计量模型进行实证分析，特别地，为了控制可能存在的异方差对回归结果的影响，本书均采用聚类到行业层面的标准误进行回归分析。为了同时检验模型设定的可靠性，本书采用逐步添加控制变量的方法来检验模型设定的可靠性。表6-8显示了全样本最小二乘法基准回归结果。

表 6-8　全样本基准回归分析（最小二乘法）

	（1）	（2）	（3）	（4）	（5）	（6）
subsidydum	0.0024	0.0416***	0.0407***	0.0368***	0.0336***	0.0336***
	(1.01)	(24.14)	(23.69)	(20.79)	(18.66)	(18.67)
TFP		0.8758***	0.8837***	0.8904***	0.9031***	0.9030***
		(473.07)	(460.81)	(421.72)	(332.23)	(332.25)
wage			0.0043***	0.0047***	0.0047***	0.0047***
			(15.63)	(16.26)	(16.27)	(16.27)
scale				0.0002***	0.0002***	0.0002***
				(8.32)	(8.29)	(8.26)

续表

	（1）	（2）	（3）	（4）	（5）	（6）
profit					0.3780***	0.3774***
					（7.60）	（7.59）
age						-0.0007***
						（-5.26）
常数项	0.7665***	4.3900***	4.4244***	4.4516***	4.4008***	4.4744***
	（3.46）	（40.07）	（42.21）	（42.92）	（44.44）	（42.02）
R^2	0.0106	0.4994	0.5022	0.5049	0.5086	0.5087
样本数	1555487	1555487	1555487	1555487	1555487	1555487

注：括号中值为 t 统计量；"***""**""*"分别表示在1%、5%和10%的水平上显著；为了排除可能存在的异方差对研究结果的影响，各模型均采用聚类到行业层面的标准误进行回归，各模型均控制了企业对应的年份、地区和产业固定效应。

由表6-8中回归结果可以发现：

政府补贴促进了企业成本加成的提升。表6-8模型（1）~模型（6）中政府补贴虚拟变量的回归系数均为正，这一情况说明，政府补贴促进了企业成本加成的提升。虽然以往政府基于各种目的给予地方企业的补贴并未能有效提升本地企业的企业生产率（徐保昌和谢建国，2015）等一系列企业特征，但是政府补贴通过企业成本的降低的确起到了很好的促进作用，政府补贴降低了企业成本加成。与此同时，同样值得注意的是，表6-8回归结果中的可决系数在逐步添加控制变量的过程中逐渐增大，这一结果也进一步表明了本书模型设定中添加的余下控制变量是十分有效的。

表6-8中其余控制变量方面：由表6-8中回归结果可以发现，企业生产率、企业规模、企业盈利水平、企业工资水平的回归结果与前文和既有文献保持一致，均显著促进了企业成本加成提升，而企业经营年限的回归系数在1%的统计水平上显著为负，这与前文和既有文献的回归结果也是一致的，企业经营年限越高企业运营情况很可能因此陷入尾大不掉的状态，进而导致其加成率

越低。

另外，为确保研究结论的可靠性和稳定性，本书进一步采用了固定效应方法进行逐步添加控制变量的回归分析。表6-9显示了全样本固定效应法的具体回归结果。

表6-9 全样本基准回归分析（固定效应）

	（1）	（2）	（3）	（4）	（5）	（6）
subsidydum	0.0024	0.0416 ***	0.0407 ***	0.0368 ***	0.0336 ***	0.0336 ***
	(1.01)	(24.14)	(23.69)	(20.79)	(18.66)	(18.67)
TFP		0.8758 ***	0.8837 ***	0.8904 ***	0.9031 ***	0.9030 ***
		(473.07)	(460.81)	(421.72)	(332.23)	(332.25)
wage			0.0043 ***	0.0047 ***	0.0047 ***	0.0047 ***
			(15.63)	(16.26)	(16.27)	(16.27)
scale				0.0002 ***	0.0002 ***	0.0002 ***
				(8.32)	(8.29)	(8.26)
profit					0.3780 ***	0.3774 ***
					(7.60)	(7.59)
age						−0.0007 ***
						(−5.26)
常数项	0.7665 ***	4.3900 ***	4.4244 ***	4.4516 ***	4.4008 ***	4.4744 ***
	(3.46)	(40.07)	(42.21)	(42.92)	(44.44)	(42.02)
R^2	0.0106	0.4994	0.5022	0.5049	0.5086	0.5087
样本数	1555487	1555487	1555487	1555487	1555487	1555487

注：括号中值为 t 统计量；"***""**""*"分别表示在1%、5%和10%的水平上显著；为了排除可能存在的异方差对研究结果的影响，各模型均采用聚类到行业层面的标准误进行回归，各模型均控制了企业对应的年份、地区和产业固定效应。

由表6-9中逐步添加控制变量全样本固定效应法的回归结果可以发现：

（1）政府补贴有利于企业成本加成的提升。表6-9模型（1）~模型（6）中政府补贴虚拟变量的回归系数均为正，这一结果说明，政府补贴促进了企业成本加成的提升，这一结果与表6-8中的回归结果是相一致的，同时研究假定的可靠性得到进一步证明。此外，表6-9回归分析中的可决系数在逐步添加控制变量的过程中逐渐增大，这一结果也同时进一步表明了本书模型设定中添加的余下控制变量是十分有效的。

（2）表6-9中其余控制变量方面：其余控制变量的回归结果，与表6-8中的回归结果并无显著的差异，并且其中的内在机理也是相一致的，这也进一步证明表6-8最小二乘法回归结果是十分稳健的，这也进一步证明了本书模型设定和研究结论是十分可靠的。

为进一步确保研究结果的可靠性，本书采用分样本固定效应回归分析来进行实证检验。分样本的具体划分过程中，采用与盛丹和王永进（2012）相一致的划分方法，选择根据中国制造业企业的登记注册类型将全部研究样本企业具体划分为国有企业、民营企业、港澳台企业、外资企业四个所有制类型的分样本。表6-10显示了分所有制样本的实证回归结果。

表6-10　分所有制样本回归结果（固定效应）

	（1）	（2）	（3）	（4）	（5）	（6）	（7）	（8）
	国企	国企	民营	民营	港澳台	港澳台	外资	外资
subsidydum	0.0077*	0.0332***	0.0039	0.0273***	0.0000	0.0266***	0.0005	0.0344***
	(1.89)	(11.15)	(0.98)	(9.51)	(0.00)	(5.50)	(0.08)	(7.65)
TFP		0.9068***		0.8936***		0.9898***		1.0168***
		(226.69)		(287.27)		(140.60)		(150.79)
wage		0.0050***		0.0046***		0.0056***		0.0038***
		(4.80)		(33.19)		(17.81)		(17.29)
scale		0.0001***		0.0003***		0.0002**		0.0003***
		(6.78)		(9.34)		(2.01)		(7.81)
profit		0.3748***		0.3309***		0.6456***		0.6265***
		(10.47)		(10.37)		(15.05)		(10.23)

续表

	(1)	(2)	(3)	(4)	(5)	(6)	(7)	(8)
	国企	国企	民营	民营	港澳台	港澳台	外资	外资
age		-0.0004 **		0.0005 **		-0.0010		0.0006
		(-2.21)		(2.35)		(-1.19)		(0.73)
常数项	1.2838 ***	4.7139 ***	1.0714 ***	4.3624 ***	0.9259 ***	4.8825 ***	1.2382 ***	5.1466 ***
	(41.12)	(143.54)	(38.32)	(152.91)	(11.13)	(71.10)	(15.18)	(86.07)
R^2	0.0180	0.5117	0.0098	0.4976	0.0050	0.5644	0.0059	0.5808
样本数	547288	547288	685450	685450	170924	170924	151825	151825

注：括号中值为 t 统计量；"***""**""*"分别表示在 1%、5% 和 10% 的水平上显著；为了排除可能存在的异方差对研究结果的影响，各模型均采用聚类到行业层面的标准误进行回归，各模型均控制了企业对应的年份、地区和产业固定效应。

由表 6-10 中分所有制样本的回归结果可以发现：

（1）在不同的所有制样本中，政府补贴均显著促进了企业成本加成的提升。可以发现，表 6-10 模型中政府补贴虚拟变量的回归系数均为正，这一结果意味着在各所有制分样本中，政府补贴均促进了企业成本加成的提升，并且这一回归结果与上述回归结果保持一致，这也进一步证明了本书研究假说的可靠性与稳定性。与此同时，表 6-10 分所有制样本回归中模型（1）、模型（3）、模型（5）、模型（7）中交互项的显著性在总体上均小于加入其他控制变量的模型（2）、模型（4）、模型（6）、模型（8）。这也进一步证明本书添加控制变量的必要性和可靠性。

（2）相对于民营企业和港澳台企业，政府补贴对国有企业和外资企业的影响更大。由表 6-10 中模型（2）、模型（8）中政府补贴虚拟变量的回归系数显著大于模型（4）和模型（6），这一现象表明，相对于其他所有制类型的企业，国有企业和外资企业的成本加成受到政府补贴的促进作用更为强烈。分析出现这一现象的原因，我们认为，这主要是由企业特点所决定的，普遍认为国有企业更有机会拿到补贴，尤其是一些竞争力较弱的国企，而外资企业更可能是为了利用政府补贴这一政策优惠而存在，所以，政府补贴收入对这些企业成本加成的促进作用更大就不奇怪了。

（3）其余控制控制变量的回归结果与本节的其余控制变量的回归结果并没有显现出十分显著的差异，并且其中的内在影响机理与本书已有研究也是基本一致的。特别值得注意的是，对于民营企业与外资企业来说，企业经营年限往往显著促进了企业成本加成的提升，梳理其中的经济学逻辑，可以发现，这些企业的经营年限普遍较短，并且内部激励机制较为合理，随着企业经营年限的提升，这些企业的内部治理机制将不断完善，企业运营也将更为合理，进而最终促进了企业成本加成的提升。

（二）稳健性检验

稳健性检验过程中，本书将采用式（6-4）设定的计量模型来对研究假定进行检验。与此同时，为了有效控制政府补贴收入与企业成本加成之间可能存在的互为因果等问题导致的内生性对研究结论造成的影响，本书将借鉴现有文献中的权威方法，进一步采用工具变量法在对可能存在的内生性问题进行控制的基础上来对研究假定进行稳健性检验，以求确保研究结论的可靠性。本书工具变量的实际选择过程中，在经过大量工具变量的筛选、尝试与检验识别的基础上，本书最终采用了 1999～2007 年各地级城市政府补贴收入的均值来作为政府补贴收入的工具变量。

为了在工具变量法回归分析的过程中有效考察工具变量法的回归结论以及本文研究假定的稳定性，我们在回归分析过程中，本书根据企业规模进行了排序并且均匀划分为五个强度，分别考察不同企业规模的样本中，研究假定是否成立。表 6-11 具体报告了替代变量分企业规模工具变量法（2SLS）回归结果。

由表 6-11 中工具变量法回归结果我们可以发现，模型（1）～模型（5）中 Kleibergen-Paap rk LM 统计量的 P 值均为 0，有效拒绝了工具变量识别不足的假定；同时，Kleibergen‑Paap rk Wald F 检验中最小特征统计值均大于 Stock‑Yogo 检验的临界值，有效地排除了回归过程中存在弱工具变量的可能性，因此，工具变量有效性的检验结果表明本书工具变量的选择是十分合理的。由表 6‑11 中回归结果可以得到以下结论：

表 6‑11　替代变量分企业规模工具变量法回归结果

	（1）	（2）	（3）	（4）	（5）
	1/5 分位规模	2/5 分位规模	3/5 分位规模	4/5 分位规模	5/5 分位规模
subsidy	21.0664***	9.5234***	5.7506***	4.6863***	4.8130**
	（6.10）	（4.56）	（2.59）	（3.14）	（2.40）
TFP	0.7898***	0.6852***	0.6431***	0.6253***	0.6333***
	（150.68）	（179.27）	（169.92）	（160.05）	（100.86）
wage	0.0045***	0.0110***	0.0138***	0.0171***	0.0238***
	（4.84）	（53.01）	（51.39）	（59.68）	（62.59）
scale	0.0019***	0.0014***	0.0012***	0.0010***	0.0002***
	（9.23）	（12.14）	（15.32）	（28.95）	（15.86）
profit	0.1619***	0.0630	0.2881***	0.3726***	0.3275***
	（3.01）	（1.40）	（11.17）	（12.50）	（7.89）
age	−0.0091***	−0.0065***	−0.0060***	−0.0057***	−0.0033***
	（−19.67）	（−24.85）	（−23.53）	（−33.95）	（−15.78）
常数项	4.4705***	3.7671***	3.4638***	3.4345***	3.6326***
	（92.70）	（97.24）	（63.65）	（98.89）	（86.98）
Kleibergen‑Paap	84.033	99.812	22.848	17.376	78.058
rk LM 统计量	（0.0000）	（0.0000）	（0.0000）	（0.0000）	（0.0000）
Kleibergen‑Paap	84.200	100.388	22.868	17.383	78.441
rk Wald F 统计量	（16.38）	（16.38）	（16.38）	（16.38）	（16.38）
R^2	0.1947	0.3016	0.3053	0.0584	0.3245
样本数	189093	225810	202547	213494	209815

注：括号内为 Z 统计值；"***""**""*"分别表示在 1%、5% 和 10% 水平上显著；为了排除可能存在的异方差对研究结果的影响，各模型均采用聚类到企业层面的标准误进行回归，并且各模型均控制了企业对应的年份、地区和产业固定效应。Kleibergen‑Paap rk LM 检验的原假设"H0：工具变量识别不足"，相应括号中数值为相应检验统计值的 P 值；Kleibergen‑Paap rk Wald F 检验的原假设"H0：工具变量弱识别"，相应括号中数值为 Stock‑Yogo 检验的临界值。

（1）政府补贴收入促进了企业成本加成的提升，这一研究结果进一步证明本文研究假定是十分可靠的。由表6-11中模型（1）~模型（5）可以发现，政府补贴收入的回归系数均在1%的统计水平上显著为正，这一结果表明，本书工具变量的回归结果与上述研究中结论相一致，在有效控制了回归分析中可能存在的内生性等问题的情形下，政府补贴收入的提高可以显著提高企业成本加成，政府补贴收入的提高通过降低企业成本等途径提升了本地企业成本加成，这一研究结果进一步证明了本书研究结论是十分可靠性。

由表6-11中模型（1）~模型（5）中政府补贴收入变量的回归系数总体呈现一个逐渐降低的趋势，这一现象说明，随着企业规模的扩大，政府补贴收入对企业成本加成的影响逐渐降低，这与人们的一般认识是相符合的，越小的企业，在接受补贴后，其越容易受政府补贴所影响，这也就在一定程度上解释了为什么代工企业等小企业可以依靠政府补贴存活。

（2）其余控制控制变量的回归结果与本节的其余实证检验中的回归结果并没有显现出十分显著的差异，并且其中的内在影响机理与本书已有研究也是基本一致的。

第七章　主要结论、政策建议与
研究展望

　　本书在世界经济一体化进程逐步提升的现实背景下，基于中国贸易自由化程度提升和中国制造业企业成本加成亟须提高的特征事实，对中国制造业企业成本加成和贸易自由化程度的典型特征进行了系统梳理和归纳。同时，本书采用理论模型对贸易自由化影响企业成本加成的内在机理进行了系统分析，并进一步采用了中国制造业企业样本对本书研究假设进行了设计严格的实证检验，在借助工具变量法及倍差法计量策略等可靠计量检验方法确保实证结论稳健性的基础上，全面分析了中国贸易自由化对其制造业企业成本加成影响。

　　本书理论分析和实证检验的结果均表明，中国贸易自由化对中国制造业企业成本加成构成了极为显著的影响，本书研究结论对中国未来贸易自由化程度的进一步提升提供了有益的政策启示。遗憾的是，由于数据和研究能力的限制，本书同样遗留了部分问题亟待未来研究中继续进行探索和解答。

第一节　主要结论

从本书的典型事实特征分析和实证研究分析两个研究视角出发，本书研究结论可以划分为上述两个部分。典型事实特征分析从中国制造业企业成本加成和贸易自由化程度的演变趋势两个视角对中国的实际进行探索，意图为中国贸易自由化对其制造业企业成本加成的影响提升启示。在典型事实特征分析的基础上，从关税减让与贸易自由化制度演化两大视角研究了贸易自由化对中国制造业企业成本加成的影响，并且采用了工具变量法以及倍差法计量策略等普遍认可的计量方法，从而有效确定了中国实际背景下的贸易自由化对企业成本加成的影响。

第一，中国制造业企业成本加成总体呈现一个波动式上升的演变趋势，不同分类标准下的分样本中中国制造业企业成本加成均显现出较为显著的差异。

一方面，虽然中国制造业企业成本加成总体趋势方面呈现的是一个逐步上升的状态，但是，受外界冲击影响在部分年份中国制造业企业成本加成仍然存在降低波动。本书以1999~2007年中国制造业企业数据为研究样本，又进一步采用了De Loecker和Warzynski（2012）提出的企业成本加成的测算方法，精确测算了中国制造业企业成本加成。De Loecker和Warzynski（2012）提出的企业成本加成的测算方法，采用了Olley和Pakes（1996）在测算企业生产率过程中控制代理变量的方法，充分考虑企业生产技术、消费者需求及市场结构可能对企业成本加成构成的影响，同时，这一方法还有效解决了难以观测的企业生产要素投入差异对企业成本加成可能造成的影响，赢得了研究者的广泛采用和普遍认可（祝树金和张鹏辉，2015；任曙明和张静，2013；黄枫和吴纯杰，2013）。1999~2007 年中国制造业企业成本加成的具体特征方面，可以发现，1999~2000 年中国制造业企业成本加成逐渐上升，以 2001 年中国加入 WTO 为界限，2002 年中国制造业企业成本加成显著降低，2003 年开始，中国制造业企业成本加成逐渐提升，2004 年以后，中国制造业企业成本加成的波动较小，且均维持在一个较高的水平上。总结发现，中国制造业其企业成本加成，总体上呈现为一个逐年上升的演变趋势，但也存在部分年份的下行波动。

另一方面，不同分类标准的分样本中中国制造业企业成本存在显著的特征差异。在不同二分位制造业行业中，不同行业类型企业的成本加成均值存在较大差异，其中，农副食品加工业，纺织业，石油加工、炼焦及核燃料加工业，黑色金属冶炼及压延加工业，有色金属冶炼及压延加工业以及电气机械及器材制造业等行业的企业成本加成处于较高的水平。与钢铁等行业的几近疯狂相对应的是，这一时期饮料制造业、烟草制造业、医药制造业以及非金属矿物制品业等行业的企业成本加成处在一个较低的水平，当然出现这一现象也有可能是与这些行业自身的特征有关。此外，余下行业的企业成本加成均值则处于上述两者之间，并且未体现出十分鲜明的行业特征。同时，不同所有制特征的企业成本加成也存在显著差异，1999~2002 年这一阶段，港澳台企业与外资企业的成本加成显著高于国有企业与民营企业，随着中国加入 WTO 这一差距在逐渐降低，2004 年国有企业与民营企业的成本加成已经超越了外资企业与港澳台企业，内资企业的竞争能力在不断的提升，2005 年开始，各类企业成本加成逐渐呈收敛趋势，在 2005 年中期甚至已经基本一致，而后，港澳台企业成本加成逐渐不具备优势，其他三类所有制特征的企业则逐渐收敛，并处于较高的水平。此外，不同区域的制造业企业成本加成方面也存在显著差别，具体来说，东部地区制造业企业成本加成最高，并且样本期间东部地区一直保持企业成本加成的这一优势，相对应地，中部地区与西部地区制造业企业成本加成则相对较低。值得注意的是，1999~2004 年西部地区企业成本加成显著高于中部地区，这说明，就企业成本加成方面来说，中部地区与西部地区企业相较而言并没有优势。2004 年以后，中西部地区企业成本加成均逐渐收敛，两者之间差别较小，但均仍与东部地区的企业成本加成存在一定的差距。

第二，中国贸易自由化程度呈现逐步提升的总体趋势，其中，中国贸易自由化程度的提升幅度呈现一个"先小后大再小"的特征。

本书以 1999~2005 年中国 HS6 分位的进口关税数据为原始样本，通过采用与毛其淋和盛斌（2014）、Lu 和 Yu（2015）相一致的关税法对中国分行业的贸易自由化程度进行测算，有效提升了贸易自由化指标的可靠性和稳定性。中国贸易自由化程度测算结果表明，从总体层面上来看，中国制造业进口关税的均值呈一个显著下降的趋势，并且具体进口关税降低的幅度呈现一个"先小后大再小"的特征，这一现象与中国的实际情况是相符合的，学术界和实业界也普遍认为，中国加入 WTO 的前后，进口关税的税率有着一个较大的下降幅度，主要体现在，2002 年前后的关税变化幅度较大。

具体样本期间中国进口产品关税均值的演变路径方面，自样本期 1999 年中国加入 WTO 之前开始，中国制造业进口关税均值逐年下降，直至 2005 年样本期结束，中国制造业进口关税已经下降到一个较低的水平，中国的贸易自由化程度随之大幅度提高。分析其中的演变细节，容易发现，1999~2000 年中国进口关税水平基本保持一个小幅度降低的趋势，这一时期中国的进口关税水平较为稳定，而到达 2001 年，为了与中国加入 WTO 的双边谈判相配合，并且努力争取符合 WTO 对其成员国的要求，这一期间中国进口关税水平下降较为剧烈，而随着中国于 2001 年 11 月正式加入 WTO，为了积极履行中国加入 WTO 时所签订协议中的减税承诺并且逐步满意 WTO 对成员国进口产品关税的要求，2002 年中国关税水平急剧下降，相对于 2001 年，2002 年中国制造业行业进口关税的均值有一个高达约 22% 的下降幅度，并且中国制造业行业的关税均值已经下降到约 13% 这一较低水平。显然，中国的关税减让额度并非仅通过 2002

年的减税完成，同样因为逐步履行中国加入 WTO 的承诺等缘故，2003～2005年中国进口关税呈现出一个逐步降低的趋势，但是，也应该发现，相对于2002 年，这一降低幅度已经逐渐趋于和缓。分析产生这一现象的主要原因，可以发现，2001 年 11 月中国正式加入 WTO 起到 2005 年，这一期间中国政府主要在执行中国加入 WTO 关税减让协议，这一协议要求中国正式加入 WTO 之后至 2004 年需要完成减税协议（Lu 和 Yu，2015），但是中国政府最大幅度的关税减让是在 2002 年进行，虽然随后年份中国政府的进口关税减让这一行为依然逐步进行，但随着中国加入 WTO 相关减税协议的逐渐履行，中国进口产品的关税税率已经降低到了一个相对较低的水平，在这一情形下，中国进口产品关税进一步减让的幅度和降低空间已然较小。由于进口关税与贸易自由化程度反向关系，不难得出，中国贸易自由化程度总体呈现逐步提升的特征，其中，贸易自由化的提升幅度呈现了一个"先小后大再小"的特征。

第三，中国的关税减让显著降低了中国制造业企业成本加成。

关税减让程度是阻碍制造业企业成本加成提升的关键原因。中国关税减让显著特征是进口产品关税的降低，显然这一现象主要是由政府贸易政策所决定的。在采用进口关税对关税减让指标进行衡量的基础上，本书从总体样本、行业样本、地区样本、所有制样本、不同企业规模等多个层面实证检验贸易自由化对企业成本加成的影响，有效厘清了关税减让对中国制造业企业成本加成的影响。实证检验过程中，在上述样本分类检验的基础上，进一步考虑了可能存在的内生性问题对研究结论的影响，采用了工具变量法对这一问题进行了有效处理，一系列实证研究结果均表明，关税减让有效降低了企业成本加成，并且这一结论在各分样本、工具变量检验中均十分稳健。

中国的关税减让为何显著降低了本国制造业企业成本加成呢？梳理其中的经济学逻辑，一方面，关税减让导将致外部企业进入本国市场时所面临的阻碍降低，增加了进入本国市场的外部企业数量；另一方面，关税减让还将导致外部企业进入本国市场的冰山成本降低，使此类企业具有更好的价格成本优势，通过上述两个途径关税减让增强了外部进入企业的竞争力，提升了本地企业所面临的竞争强度，本地企业也因此将被迫降低企业成本加成来面对来自外部企业的激烈竞争，进而导致本地企业成本加成的降低。

控制变量方面，企业生产率有助于企业成本加成的提升，企业生产水平越高企业的市场势力与贸易利得也相应越高，随之企业成本加成也越高；企业工资水平与企业成本加成呈正相关关系，企业工资水平较高企业贸易利得越高，企业工资水平与企业成本加成呈正相关关系也因此不难理解；企业规模越大企业成本加成越高，企业规模扩张带来的规模经济降低了企业单位产品的生产成本，企业售价保持不变的情形下企业成本加成随之提升；企业盈利水平与企业成本加成呈正相关关系；企业经营年限不利于企业成本加成的提升，企业的经营年限越长其企业成本加成将会越低。

由上述分析可以发现，中国政府实施的进口关税减让等贸易自由化政策，在一定程度上导致中国的实际贸易自由化程度进一步提升的同时，也在一定程度上导致中国制造业企业成本加成的降低。

第四，贸易自由化制度演化显著促进了中国制造业企业成本加成的降低。

一方面，中国加入 WTO 这一贸易自由化事件显著降低了中国制造业企业成本加成，贸易自由化事件对制造业企业成本加成具有显著的降低效应。

本书以中国成功加入 WTO 这一准自然实验为研究契机，以中国制造业企业数据为研究样本，采用了两种设定方式的倍差法计量策略来有效控制计量分析过程中可能存在的内生性偏误，实证检验了中国加入 WTO 这一准自然事件对中国制造业企业成本加成的影响，研究结果表明，中国加入 WTO 这一贸易自由化事件显著降低了中国制造业企业成本加成，这一结果表明，贸易自由化事件对制造业企业成本加成具有显著的降低效应，这一研究为贸易自由化如何影响中国制造业企业成本加成这一研究提供了一个全新的视角。

梳理中国加入 WTO 这一贸易自由化事件对中国制造业企业成本加成产生降低作用的内在作用机理可以发现，贸易自由化事件作为贸易自由化指标的另一种表现形式，其对本国企业的冲击影响势必将通过促进竞争效应显著降低企业成本加成。中国实际情景下，从 2001 年 11 月中国正式加入 WTO 这一事件作为起点，中国贸易自由化程度开始大幅度提高，而贸易自由化提升的典型特征即进口关税水平的大幅度下降。中国加入 WTO 作为中国贸易自由化提升的标志性事件，其势必将通过对市场竞争的促进作用对企业成本加成构成显著的负面影响。

总结上述结果不难发现，中国加入 WTO 这一典型的贸易自由化事件将显著降低中国实际的进口关税等贸易壁垒，这将导致本国企业所面临的市场竞争进一步加剧，最终显著降低了中国制造业企业成本加成。

另一方面，政府补贴收入促进了企业成本加成的提升，在一定程度上说明，非关税贸易壁垒有利于本地企业成本加成的提升。

本书以政府补贴收入作为贸易自由化制度演变的逐步演变指标，采用 1999~2007 年中国制造业企业数据，实证检验了贸易自由化制度演化对企业成本加成的影响，研究发现，政府补贴收入与企业成本加成呈正相关关系，这也在一定程度上说明政府补贴等非关税贸易壁垒在一定程度上促进了企业成本加成的提升，与此同时，在采用工具变量法有效控制可能存在的内生性问题的情形下，研究结论依然保持稳健，进一步证明了本书研究结论是十分稳健的。

梳理政府补贴收入促进企业成本加成提升的内在机制，可以发现，政府补贴收入的提升显著降低了企业成本，在企业销售价格不变的前提下，企业成本的降低必然提高企业成本加成，这与人们的一般认识是相一致的。总结上述结果不难发现，政府补贴收入作为贸易自由化的制度演化的典型形式之一，其对中国制造业企业成本加成的促进作用是十分显著的。

第二节 政策建议

本书理论分析和实证检验结果表明，中国的贸易自由化显著降低了中国制造业企业成本加成，与此同时，贸易自由化事件有着显著的企业成本加成降低效应，而政府补贴收入则显著地促进了企业成本加成的提升。贸易自由化及贸易自由化事件冲击带来的促进竞争效应导致本国企业所面临的市场竞争加剧，是中国制造业企业成本加成降低的根本原因，而政府补贴这一非关税贸易壁垒的成本降低效应则对企业成本加成具有显著的提升作用。容易发现，贸易自由化行为在有效发挥市场资源配置作用的同时，也在一定程度上对本地制造业企业成本加成构成一定的负面作用。在对本书研究结论和中国实际情景进行系统分析的基础上，对未来中国贸易自由化程度提升以及中国制造业企业成本加成提升提出下列政策建议：

（1）系统推进贸易自由化政策实施，积极评估此类政策对制造业企业的影响，细化贸易自由化进程的推动步骤。

本书研究表明，中国的贸易自由化显著降低中国制造业企业成本加成，这一结果表明中国的贸易自由化程度的提升在一定程度上阻碍了中国制造业企业的发展，显然这与中国贸易自由化政策的目的是不相符的。梳理产生这一现象的原因，更多的是因为中国的贸易自由化导致外部企业进入以及外部企业实际成本降低带来的促进竞争效应，增强了外部进入企业的竞争力，本地企业也因此将被迫降低企业成本加成来面对来自外部企业的激烈竞争，进而导致本地企业成本加成的降低。针对中国的实际情况，本书提出以下需要注意的问题：

一方面，系统推进贸易自由化政策进一步实施，有效提升贸易自由化对企业生产要素的优化配置作用。普遍认可，中国贸易自由化显著特征在于产品进口关税的降低，显然这主要是由政府指定的贸易政策所决定的。随着中国与世界经济融合的进一步加深，贸易自由化政策继续推进必然是大势所趋，继续推进贸易自由化关系到中国能否更为有效地融入全球产业价值链。

另一方面，积极评估国内目标企业承受外部企业冲击的能力，细化贸易自由化的推进步骤。贸易自由化将导致本土企业承受更多来自外部企业进入带来的压力，本书研究也证明了中国的贸易自由化对中国制造业企业成本加成的负面影响，显然，需要对国内目标企业承受外部冲击的能力进行积极的评估，尤其不同地区、不同所有制、不同规模等分样本中的企业可能面对贸易自由化推进时所产生的反应可能截然不同。因此，要进一步发挥市场的主导作用的同时，还要对企业具体情况进行有效评估，对贸易自由化的推进步骤和速度进行有效量化和细分，确保企业在享受获得贸易自由化带来的好处时，本土企业不受到过度的冲击。

（2）继续推行贸易自由化协定签署等贸易自由化事件的实施，兼顾考虑中国企业的实际情景，合理设定缓冲时间和防护区域。

第六章研究表明，中国加入 WTO 这一贸易自由化事件显著降低了中国制造业企业成本加成，这一结果表明贸易自由化事件在带来更高的资源配置效率及更大的国际市场等福利的同时，也对本土企业成本加成构成了强劲的冲击。梳理产生这一现象的原因，本书认为，是中国加入 WTO 这一贸易自由化事件导致了外部企业的快速进入，本地竞争程度急剧拉升，本地企业极可能因为准备不够充分，而被迫降低企业成本加成来仓促面对来自外部企业的激烈竞争，从而导致本地企业成本加成的降低。根据上述结论，同时结合中国的实际情形，本书提出以下需要注意的两方面问题：

一方面，继续积极推行贸易自由化协定签署等贸易自由化事件的实施。无可厚非，中国加入 WTO 等贸易自由化事件的实施，将有效提高中国国内生产要素的资源优化配置效率，对于国内企业有效降低生产成本，进而有效嵌入全球产业价值链将具有很好的提升作用。因而，在未来发展过程中，政府仍需要进一步实施贸易自由化政策和推进贸易自由化协定的签署，显然，这一政策不仅可以有效提高国内生产要素的资源优化配置效率，还有助于中国企业更为容易进入外部市场，参与国外市场的竞争，从而有效提升中国企业的国际竞争力，并有望获得先行者优势。同时，这与进一步提升制造业开放发展水平的目标也是一致的。

另一方面，系统推行贸易协定等贸易自由化事件之前，需要系统评估受冲击企业的实际外部冲击承受能力，合理设定缓冲时间和防护区域。显然，目前中国国内企业在部分行业中依然过于弱小，贸易协定的签署无疑将对这些行业造成巨大的冲击，甚至有全军覆没的危险，中国粮食等产业的例子已经对这种现象给予了很好的说明。因而，在积极提升市场主导作用，有效提高要素市场资源配置效率的同时，需要对其中存在的一些系统性风险进行有效预防。具体来说，在积极推行自由贸易协定等贸易自由化事件之前，政府需要对目标行业实际外部冲击承受能力进行系统评估，确定行业可以承受的外部冲击力度，显然，在自由贸易协定等贸易自由化事件的谈判过程中，政府需要选取部分行业作为防护的目标，并且对目标行业给予一定程度防护的基础上，确定目标行业的保护期限。通过在自由贸易协定中为目标行业设定合理的缓冲期间和防护区域的方法，可以为部分难以承受外部的弱势行业争取时间的同时促进企业竞争力的提升。

（3）切实减少政府对企业进行的不当政策干预，确保市场在资源配置中的主导地位，有效发挥企业自身的主观能动性。

本书研究结果表明，政府补贴收入促进了企业成本加成的提升，政府基于各种目的给予地方企业的补贴有效提升本地企业的成本加成，因此，未来政府仍然需要对急需扶持，且具有扶持意义的部分企业给予补贴优惠，但中国当前的政府补贴等非关税贸易壁垒仍存在诸多问题。根据上述结论，同时进一步结合中国的实际情形，本书提出以下需要注意的两方面问题：

一方面，政府减少对企业不当补贴等不当政策干预，促进过剩产能和落后产能行业的优胜劣汰。政府对企业实施适当干预是十分必要的，但是政府在对企业具体实施干预的过程中，需要对其实施的相关政策进行有效的识别，逐渐减少并进一步杜绝对企业的不当补贴等不当政策干预。显然，有效减少政府的不当政策干预不仅可以逐渐培养企业的主观创新意识，更为关键的是，减少政府的不当政策干预还可以"倒逼"目前中国制造业中存在的一些靠政府补贴等不当政府政策而存在存活的企业逐渐转型，有效改善中国制造业的产业结构，特别地，减少不当政策干预可以有效依靠市场力量将目前中国制造业产业中存在的过剩产能行业和落后产能行业逐渐消化，促进这些行业内企业的兼并、破产重组及产业升级，这些问题的解决可以有效缓解中国目前存在的一系列产能困局。同时减少政府不当政策干预与要求积极转变政府职能也是相一致的。

另一方面，确保市场发挥主导作用，有效的优化产业结构，提高国内市场的资源配置效率。随着中国参与世界经济一体化进程的逐步提升，显然未来政府的产业政策不可能一直保持对地方企业过多的干预，政府更多的是发挥科学引导的作用，而非过多地干预市场，从而确保市场发挥资源配置的主导作用。市场发挥主导作用不仅可以有效提高国内市场的资源配置效率，还可以有效地将产能过剩产业、落后产能产业逐渐淘汰出市场，进而显著优化国内产业结构。如果依旧容忍地方政府更多地干预市场，将很可能引发因地方分权情景下的地方政府财政竞争导致的恶性竞争，进而导致过剩产能企业以及落后产能企业，一直靠"吸血"存活，难以退出市场，最终将对产业机构的调整和国家整体发展战略造成负面影响。因而，在未来发展中，中国政府需要进一步确定市场的主导作用，厘清市场与政府的具体管理边界，从而有效地优化产业结构和提高国内市场的资源配置效率。

第三节　研究展望

本书通过理论分析和实证检验，系统研究了中国贸易自由化对中国制造业企业成本加成构成的影响，本书研究结论对中国未来贸易自由化程度的进一步提升提供了有益的政策启示。较为遗憾的是，由于数据和研究能力的限制，遗留了部分问题亟待未来研究中继续进行探索和解答，这也为未来的研究方向提供了启示，值得进一步进行研究的方向主要包括以下几个方面：

第一，进一步微观化研究样本数据。在本书经验研究过程中，已经采用了企业层面样本对中国的贸易自由化对制造业企业成本加成的影响进行检验，然而，虽然本书采用关税法所测算的贸易自由化指标具有较高的可靠性和稳定性，但是也应当发现，这一回归分析过程中，所采用的进口关税数据构建的贸易自由化指标仍然是行业内均值水平。本书研究过程中已经将贸易自由化指标细化到了四位码水平，但这一指标相对来说仍然过于粗糙。同时，本书所采用的制造业企业样本数据也未能细化到具体产品层面，这些情况都显得研究如隔靴搔痒一般。在未来的研究中，期待可以进一步微观化研究样本数据，具体来说，理想情况下期望可以获得企业中分产品数据，将数据细化到具体产品，而不是分行业产值数据，同时进口关税数据可以直接具体到具体产品，这一情形下也可以有效地处理关税法测算贸易自由化指标所导致的行业均值误差，从而可以更为直接并且精确地检验贸易自由化的企业成本加成效应。

第二，进一步丰富理论模型的构建和拓展。本书理论模型的构建过程中，在古诺模型的基础框架下将贸易自由化因素引入到模型内部，系统考察了贸易自由化对企业成本加成的影响，尽可能考虑了贸易自由化对企业成本加成影响的解释能力等问题，但是由于古诺模型自身具有的特征，这一模型无疑在某种程度上具有一定的特殊性，同时，由于作者能力所限以及本书研究问题的解释难度较大，本书模型尚无法全面考虑本书所研究经济问题中的所有细节。未来相关研究主题的理论模型构建过程中，期望可以构建一个更具有普适性的理论模型框架，进而将本书研究主题从古诺模型框架下有效地拓展到其他情形进行研究，从而提升研究的实际价值。此外，模型构建过程中期待更多地考虑各个部门因素对理论模型研究结论构成的影响，同时，更好地兼顾企业的异质性对研究结果可能造成的影响，进而有效地提升理论模型分析部分对中国现实的解释能力。

第三，寻找更多的贸易自由化准自然实验，精确定位贸易自由化事件的发生时间，更为精确地检验贸易自由化事件对企业成本加成的影响。本书以2001 年 11 月中国加入 WTO 这一准自然实验为研究契机，采用倍差法计量策略设定计量模型，实证检验了中国加入 WTO 对中国制造业企业成本加成造成的影响，在对前文研究结论进行验证的同时，为贸易自由化对中国制造业企业成本加成的影响这一研究提供一个全新的视角。虽然，本书这一做法已经较为可靠地解决了可能存在的内生性问题度对研究结果造成的影响，但是，单一贸易自由化事件对企业成本加成的影响是否为特例？未来的研究过程中，一方面，期待可以找到更多的、更可靠的贸易自由化准自然实验，来积极检验贸易自由化冲击事件的企业成本加成效应与中国加入 WTO 的企业成本加成效应是否保持一致；另一方面，由于 2001 年 11 月中国加入 WTO，而事件冲击设定中只能以 2002 年及以后的年度作为受冲击年份，虽然这一做法无可厚非，并且有相当多的学者（毛其淋和盛斌，2014；Lu 和 Yu，2015 等）予以采用，但是，这一做法难免使 2001 年中国制造业企业成本加成中已经含有中国加入

WTO 的冲击影响。更为严谨起见，期待未来研究中可以发现更为细化的数据，将中国加入 WTO 的影响区间进行更为细化的界定，或者可以找到发生时间划分更为清晰的贸易自由化准自然实验，采用质量更高的研究数据对相应问题进行研究，从而可以精确检验贸易自由化事件冲击对企业成本加成的影响。

参考文献

［1］ Altomonte C. , Nicolini M. , Pellegrino D. , "The Impact of Chinese Imports on Italian Firms' Price－Cost Margins: An Empirical Assessment", Working Paper, Bocconi University, 2013.

［2］ Amiti M. , Konings J. , "Trade Liberalization, Intermediate Inputs, and Productivity: Evidence from Indonesia", *The Amerrican Economic Review*, Vol. 5, 2007, pp. 1611－1638.

［3］ Atkin D. , Chaudhry A. , Chaudry S. , Khandelwal A. K. , Verhoogen E. , "Mark－up and Cost Dispersion across Firms: Direct Evidence from Producer Surveys in Pakistan", NBER Working Paper No. 20868, 2015.

［4］ Badinger H. , "Has the EU's Single Market Programme Fostered Competition? Testing for a Decrease in Mark-up Ratios in EU Industries", *Oxford Bulletin of Economics & Statistics*, Vol. 4, 2007, pp. 497－519.

［5］ Badinger H. , Breuss F. , "Has Austria's Accession to the EU Triggered an Increase in Competition? A Sectoral Markup Study", *Empirica*, Vol. 2, 2005, pp. 145－180.

［6］ Beason R. , Weinstein D. E. , "Growth, Economies of Scale, and Targeting in Japan （1955 – 1990） ”, *The Review of Economics and Statistics*, Vol. 2, 1996, pp. 286–295.

［7］ Bellone F. , Musso P. , Nesta L. , Warzynski F. , “Endogenous Markups, Firm Productivity and International Trade: Testing Some Micro–level Implications of the Melitz–Ottaviano Model”, Aarhus School of Business, Department of Economics, 2008.

［8］ Bertrand M. , Duflo E. , Mullainathan S. , “How Much Should We Trust Difference – In – Difference Estimates”, *Quarterly Journal of Economics*, Vol. 1, 2004, pp. 249–275.

［9］ Beyer H. , Rojas P. , Vergara R. , “Trade Liberalization and Wage Inequality”, *Journal of Development Economics*, Vol. 1, 1999, pp. 103–123.

［10］ Bottasso A. , Sembenelli A. , “Market Power, Productivity and the EU Single Market Program: Evidence from a Panel of Italian Firms”, *European Economic Review*, Vol. 1, 2001.

［11］ Boulhol H. , Dobbelaere S. , Maioli S. , “Imports as Product and Labor Market Discipline”, *IZA Disscussion Paper*, No. 2718, 2006.

［12］ Brambilla I. , Tortarolo D. I. O. , “An Empirical Analysis of Mark–ups in the Argentine Manufacturing Sector”, Departamento de Economia and Instituto de Investigaciones Economicas, Universidad Nacional de La Plata, 2014.

［13］ Brandt L. , Van Biesebroeck J. , Zhang Y. , “Creative Accounting or Creative Destruction? Firm – level Productivity Growth in Chinese Manufacturing”, *Journal of Development Economics*, Vol. 2, 2012, pp. 339–351.

［14］ Bresnahan T. F. , “Competition and Collusion in the American Automobile Industry: The 1955 Price War”, *Journal of Industrial Economics*, Vol. 4, 1987, pp. 457–482.

[15] Bugamelli M., Fabiani S., Sette E., "The Pro-competitive Effect of Imports from China: an Analysis on Firm-level Price Data", Working Paper, Bank of Italy, 2008.

[16] Cai H., Liu Q., "Competition and Corporate Tax Avoidance: Evidence from Chinese Industrial Firms * ", The Economic Journal, Vol. 537, 2009, pp. 764-795.

[17] Chen N., Imbs J., Scott A., "The Dynamics of Trade and Competition", Journal of International Economics, Vol. 1, 2009, pp. 50-62.

[18] De Loecker J., Warzynski F., "Markups and Firm-Level Export Status", The American Economic Review, Vol. 6, 2012, pp. 2437-2471.

[19] De Loecker J., Goldberg P. K., Khandelwal, A. K., Pavcnik, N., "Prices, Markups and Trade Reform", NBER Working Paper, No. 17925, 2012.

[20] Domowitz I. and C. P. B., "Business Cycles and the Relationship Between Concentration and Price-Cost Margins", Rand Journal of Economics, Vol. 1, 1986, pp. 1-17.

[21] Domowitz I., Petersen B. C., "Market Structure and Cyclical Fluctuations in U. S. Manufacturing", The Review of Economics and Statistics, Vol. 1, 1988, pp. 55-66.

[22] Feenstra R. C., Weinstein D. E., "Globalization, Markups and US Welfare", NBER Working Paper No. 15749, 2010.

[23] Görg H., Warzynski F. "The Dynamics of Price Cost Margins: Evidence from UK Manufacturing", Revue De l' OFCE, Vol. 5, 2006, pp. 303-318.

[24] Görg H., Warzynski F., "Price Cost Margins and Exporting Behaviour: Evidence from Firm Level Data", University Pf Nottingham, Leverhulme Crntre of Research of Globalisation and Economic Policy, Research Paper No. 24, 2003.

［25］ Guadalupe M. , Wulf J. , "The Flattening Firm and Product Market Competition: The Effect of Trade Liberalization on Corporate Hierarchies", *American Economic Journal: Applied Economics*, Vol. 4, 2010, pp. 105-127.

［26］ Hall R. E. , Blanchard O. J. , Hubbard R. G. , "Market Structure and Macroeconomic Fluctuations", *Brookings Papers On Economic Activity*, Vol. 2, 1986, pp. 285-338.

［27］ Harris R. , Robinson C. , "Industrial Policy in Great Britain and Its Effect on Total Factor Productivity in Manufacturing Plants, 1990-1998", *Scottish Journal of Political Economy*, Vol. 4, 2004, pp. 528-543.

［28］ Harris R. , Trainor M. , "Capital Subsidies and their Impact on Total Factor Productivity: Firm-Level Evidence from Northern Ireland", *Journal of Regional Science*, Vol. 1, 2005, pp. 49-74.

［29］ Harrison A. E. , "Productivity, Imperfect Competition and Trade Reform: Theory and Evodence", *Journal of International Economics*, Vol. (S1-2), No. 36, 1994, pp. 53-73.

［30］ Hoekman B. , Kee H. L. , Olarreaga M. , "Mark-ups, Entry Regulation and Trade: Does Country Size Matter?", The World Bank, Policy Research Working Paper Series No. 2662, 2001.

［31］ Klenow P. , Hsieh C. T. , "Misallocation and Manufacturing TFP in China and India", *Quarterly Journal of Economics*, Vol. 4, 2009, pp. 1403-1448.

［32］ Konings J. , Vandenbussche H. , "Antidumping Protection and Markups of Domestic Firms", *Journal of International Economics*, Vol. 1, 2005, pp. 151-165.

［33］ Konings J. , P V. C. , F. W. , "The Effects of Privatization and Competitive Pressure on Firms' Price-cost Margins: Micro Evidence for Emerging Economies", *The Review of Economics and Statistics*, Vol. 1, 2005, pp. 124-134.

[34] Lee J. W., "Government Interventions and Productivity Growth", *Journal of Economic Growth*, Vol. 3, 1996, pp. 391-414.

[35] Levinsohn J., Petrin A., "Estimating Production Functions Using Inputs to Control for Unobservables", *The Review of Economic Studies*, Vol. 2, 2003, pp. 317-341.

[36] Lu Y., Yu L., "Trade Liberalization and Markup Dispersion: Evidence from China's WTO Accession", *American Economic Journal Applied Economics*, Vol. 4, 2015, pp. 221-253.

[37] Melitz M. J., Ottaviano G. I. P., "Market Size, Trade, and Productivity", *Review of Economic Studies*, Vol. 1, 2008, pp. 295-316.

[38] Obeng K., Sakano R., "The Effects of Operating and Capital Subsidies on Total Factor Productivity: A Decomposition Approach", *Southern Economic Journal*, Vol. 2, 2000, pp. 381-397.

[39] Olley G. S., Pakes A., "The Dynamics of Productivity in the Telecommunications Equipment Industry", *Econometrica*, Vol. 6, 1996, pp. 1263-1297.

[40] Parsley D. C., Wei S., "Convergence to the Law of One Price Without Trade Barriers or Currency Fluctuations", *The Quarterly Journal of Economics*, Vol. 4, 1996, pp. 1211-1236.

[41] Parsley D. C., Wei S., "Explaining the Border Effect: The Role of Exchange Rate Variability, Shipping Costs, and Geography", *Journal of International Economics*, Vol. 1, 2001, pp. 87-105.

[42] Roeger W., "Can Imperfect Competition Explain the Difference between Primal and Dual Productivity Measures Estimates for U. S. Manufacturing", *Journal of Political Economy*, Vol. 2, 1995, pp. 316-330.

［43］Sauner–Leroy J. B. , "The Impact of the Implementation of the Single Market Programme on Productive Efficiency and on Mark–ups in the European Union Manufacturing Industry", European Commission Directorate–General for Economic and Financial Affairs, Economic Paper, No. 192, 2003.

［44］Siotis G. , "Competitive Pressure and Economic Integration: An Illustration for Spain, 1983 – 1996", *International Journal of Industrial Organization*, Vol. 10, 2003, pp. 1435–1459.

［45］Sivadasan J. , "Barriers to Competition and Productivity: Evidence from India", Working Paper, University of Michigan, 2008.

［46］Skuras D. , Tsekouras, K. , Dimara, E. , Tzelepis, D. , "The Effects of Regional Capital Subsidies on Productivity Growth: A Case Study of the Greek Food and Beverage Manufacturing Industry", *Journal of Regional Science*, Vol. 2, 2006, pp. 355–381.

［47］Topalova P. , Amit, K. , "Trade Liberalization and Firm Productivity: The Case of India", *Review of Economics and Statistics*, Vol. 3, 2011, pp. 995–1009.

［48］Tybout J. R. , "Plant–and Firm–level Evidence on 'New' Trade Theories", Handbook of International Trade, 2003, pp. 388–415.

［49］Warzynski F. , "Did Tough Antitrust Policy Lead to Lower Mark–ups in the US Manufacturing Industry?", *Economics Letters*, Vol. 1, 2001, pp. 139–144.

［50］Wu H. , "Entry Barriers and Markup Ratios: Evidence from OECD Countries", *Applied Economics Letters*, Vol. 2, 2009, pp. 125–130.

［51］Yu M. , "Processing Trade, Tariff Reductions and Firm Productivity: Evidence from Chinese Firms", *Economic Journal*, 2014, June, pp. 943–988.

［52］安同良、周绍东、皮建才:《R&D补贴对中国企业自主创新的激励

效应》，《经济研究》2009 年第 10 期。

［53］蔡昉、王德文、王美艳：《工业竞争力与比较优势——WTO 框架下提高我国工业竞争力的方向》，《管理世界》2003 年第 2 期。

［54］陈敏、桂琦寒、陆铭、陈钊：《中国经济增长如何持续发挥规模效应？——经济开放与国内商品市场分割的实证研究》，《经济学（季刊）》2008 年第 1 期。

［55］桂琦寒、陈敏、陆铭、陈钊：《中国国内商品市场趋于分割还是整合：基于相对价格法的分析》，《世界经济》2006 年第 2 期。

［56］郭熙保、罗知：《贸易自由化、经济增长与减轻贫困——基于中国省际数据的经验研究》，《管理世界》2008 第 2 期。

［57］金碚、李钢、陈志：《加入 WTO 以来中国制造业国际竞争力的实证分析》，《中国工业经济》2006 年第 10 期。

［58］李胜旗、佟家栋：《产品质量、出口目的地市场与企业加成定价》，《国际经贸探索》2016 年第 1 期。

［59］刘巳洋、路江涌、陶志刚：《外商直接投资对内资制造业企业的溢出效应：基于地理距离的研究》，《经济学（季刊）》2009 年第 1 期。

［60］毛其淋、盛斌：《贸易自由化与中国制造业企业出口行为："入世"是否促进了出口参与?》，《经济学（季刊）》2014 年第 2 期。

［61］毛其淋、盛斌：《贸易自由化、企业异质性与出口动态——来自中国微观企业数据的证据》，《管理世界》2013 年第 3 期。

［62］毛其淋、盛斌：《对外经济开放、区域市场整合与全要素生产率》，《经济学（季刊）》2012 年第 1 期。

［63］毛其淋、许家云：《中间品贸易自由化、制度环境与生产率演化》，《世界经济》2015 年第 9 期。

［64］聂辉华、江艇、杨汝岱：《中国工业企业数据库的使用现状和潜在

问题》，《世界经济》2012 年第 5 期。

［65］盛斌、毛其淋：《贸易自由化、企业成长和规模分布》，《世界经济》2012 年第 2 期。

［66］田巍、余淼杰：《企业出口强度与进口中间品贸易自由化：来自中国企业的实证研究》，《管理世界》2013 年第 1 期。

［67］田巍、余淼杰：《中间品贸易自由化和企业研发：基于中国数据的经验分析》，《世界经济》2014 年第 6 期。

［68］王德文、王美艳、陈兰：《中国工业的结构调整、效率与劳动配置》，《经济研究》2004 年第 4 期。

［69］徐保昌、谢建国：《政府质量、政府补贴与企业全要素生产率》，《经济评论》2015 年第 4 期。

［70］杨振：《中国对外开放的市场势力效应研究——来自总体与细分产业的经验证据》，《财贸经济》2016 年第 1 期。

［71］余淼杰：《中国的贸易自由化与制造业企业生产率》，《经济研究》2010 年第 12 期。

［72］余淼杰：《加工贸易、企业生产率和关税减免——来自中国产品面的证据》，《经济学（季刊）》2011 年第 4 期。

［73］余淼杰、梁中华：《贸易自由化与中国劳动收入份额——基于制造业贸易企业数据的实证分析》，《管理世界》2014 年第 7 期。

［74］余明桂、回雅甫、潘红波：《政治联系、寻租与地方政府财政补贴有效性》，《经济研究》2010 年第 3 期。

［75］俞会新、薛敬孝：《中国贸易自由化对工业就业的影响》，《世界经济》2002 年第 10 期。

［76］张燕、谢建国：《中国的关税减让与国内工业行业的生产效率——基于竞争效应与成本效应的实证分析》，《国际经贸探索》2013 年第 8 期。

［77］周申：《贸易自由化、汇率政策与中国宏观经济内部平衡》，《世界经济》2003 年第 5 期。

［78］周申：《贸易自由化对中国工业劳动需求弹性影响的经验研究》，《世界经济》2006 年第 2 期。

［79］祝树金、张鹏辉：《出口企业是否有更高的价格加成：中国制造业的证据》，《世界经济》2015 年第 4 期。

［80］任曙明、张静：《补贴、寻租成本与加成率——基于中国装备制造企业的实证研究》，《管理世界》2013 年第 10 期。

［81］盛丹、王永进：《中国企业低价出口之谜——基于企业加成率的视角》，《管理世界》2012 年第 5 期。

［82］肖德、杨弘、唐威：《贸易自由化对中国地区经济发展差异影响的理论分析与实证检验》，《管理世界》2013 年第 5 期。

［83］龚关、胡关亮：《中国制造业资源配置效率与全要素生产率》，《经济研究》2013 年第 4 期。

［84］黄枫、吴纯杰：《市场势力测度与影响因素分析——基于我国化学药品制造业研究》，《经济学（季刊）》2013 年第 2 期。

［85］孔东民、刘莎莎、王亚男：《市场竞争、产权与政府补贴》，《经济研究》2013 年第 2 期。

［86］李扬：《企业补贴经济分析》，《经济研究》1990 年第 1 期。

［87］鲁晓东、连玉君：《中国工业企业全要素生产率估计：1999—2007》，《经济学（季刊）》2012 年第 2 期。

［88］罗长远、智艳、王钊民：《中国出口的成本加成率效应：来自泰国的证据》，《世界经济》2015 年第 8 期。

［89］聂辉华、贾瑞雪：《中国制造业企业生产率与资源误置》，《世界经济》2011 年第 7 期。

［90］钱学锋、范冬梅：《国际贸易与企业成本加成：一个文献综述》，《经济研究》2015 年第 2 期。

［91］钱学锋、潘莹、毛海涛：《出口退税、企业成本加成与资源误置》，《世界经济》2015 年第 8 期。

［92］魏浩：《进口定价权、进口价格与不同类型商品的进口战略——基于微观产品数据的实证分析》，《世界经济与政治论坛》2016 年第 1 期。

［93］张杰、张培丽、黄泰岩：《市场分割推动了中国企业出口吗?》，《经济研究》2010 年第 8 期。

［94］张燕、谢建国、刘晴：《贸易自由化与中国国内工业行业的生产利润》，《数量经济技术经济研究》2013 年第 6 期。

附 录

附表 4-1 1999~2007 年二分位行业企业成本加成均值

行业代码	行业名称	1999 年	2000 年	2001 年
13	农副食品加工业	1.4323	1.4066	1.3593
14	食品制造业	1.1556	1.1864	1.1959
15	饮料制造业	1.022	1.0182	1.0268
16	烟草制品业	0.9637	0.9498	0.9456
17	纺织业	1.2395	1.2418	1.2248
18	纺织服装、鞋、帽制造业	1.1816	1.1726	1.1453
19	皮革、毛皮、羽毛（绒）及其制品业	1.2143	1.2305	1.2074
20	木材加工及木、竹、藤、棕、草制品业	1.124	1.1786	1.1295
21	家具制造业	1.1375	1.2126	1.1589
22	造纸及纸制品业	1.1395	1.218	1.206
23	印刷业和记录媒介的复制	0.9757	1.0113	1.0244
24	文教体育用品制造业	1.1801	1.1921	1.1468
25	石油加工、炼焦及核燃料加工业	1.2209	1.2887	1.2862
26	化学原料及化学制品制造业	1.2111	1.2821	1.2365
27	医药制造业	0.9882	0.9845	0.9807
28	化学纤维制造业	1.3739	1.4397	1.5121
29	橡胶制品业	1.0468	1.0795	1.0782
30	塑料制品业	1.2245	1.2929	1.247

续表

行业代码	行业名称	1999 年	2000 年	2001 年
31	非金属矿物制品业	0.9658	1.0037	1.0089
32	黑色金属冶炼及压延加工业	1.3245	1.3586	1.3395
33	有色金属冶炼及压延加工业	1.4219	1.4813	1.4613
34	金属制品业	1.1911	1.249	1.2271
35	通用设备制造业	1.0364	1.0595	1.0492
36	专用设备制造业	1.0196	1.0511	1.0528
37	交通运输设备制造业	1.1233	1.1634	1.1474
39	电气机械及器材制造业	1.1602	1.242	1.2212
40	通信设备、计算机及其他电子设备	1.207	1.249	1.2064
41	仪器仪表及文化、办公用机械制造业	1.115	1.1711	1.0863
行业代码	行业名称	2002 年	2003 年	2004 年
13	农副食品加工业	1.3303	1.3193	1.4606
14	食品制造业	1.1496	1.1717	1.3041
15	饮料制造业	0.977	1.0096	1.1475
16	烟草制品业	0.8462	0.949	0.8098
17	纺织业	1.1955	1.2199	1.3854
18	纺织服装、鞋、帽制造业	1.1299	1.1139	1.1664
19	皮革、毛皮、羽毛（绒）及其制品业	1.1563	1.1636	1.2298
20	木材加工及木、竹、藤、棕、草制品业	1.1199	1.1374	1.3183
21	家具制造业	1.1586	1.2022	1.3014
22	造纸及纸制品业	1.1556	1.2164	1.4136
23	印刷业和记录媒介的复制	1.0149	1.0677	1.1993
24	文教体育用品制造业	1.1019	1.1508	1.252
25	石油加工、炼焦及核燃料加工业	1.2829	1.3086	1.3234
26	化学原料及化学制品制造业	1.2131	1.2096	1.368
27	医药制造业	0.9616	0.9481	1.2276
28	化学纤维制造业	1.4045	1.395	1.5687
29	橡胶制品业	1.0646	1.1021	1.2317
30	塑料制品业	1.1872	1.2403	1.3988
31	非金属矿物制品业	0.9907	1.0108	1.1748
32	黑色金属冶炼及压延加工业	1.3268	1.3624	1.4544

续表

行业代码	行业名称	2002 年	2003 年	2004 年
33	有色金属冶炼及压延加工业	1.3530	1.3823	1.5358
34	金属制品业	1.1857	1.2222	1.3621
35	通用设备制造业	1.0466	1.1014	1.3076
36	专用设备制造业	1.0421	1.071	1.2472
37	交通运输设备制造业	1.1351	1.1642	1.3097
39	电气机械及器材制造业	1.1913	1.2273	1.4099
40	通信设备、计算机及其他电子设备	1.1417	1.1741	1.2485
41	仪器仪表及文化、办公用机械制造业	1.0614	1.0969	1.1701
行业代码	行业名称	2005 年	2006 年	2007 年
13	农副食品加工业	1.4071	1.4372	1.4288
14	食品制造业	1.2912	1.2907	1.3293
15	饮料制造业	1.1035	1.1363	1.1422
16	烟草制品业	1.1163	1.0558	0.9191
17	纺织业	1.3586	1.3741	1.4025
18	纺织服装、鞋、帽制造业	1.1839	1.1684	1.1725
19	皮革、毛皮、羽毛（绒）及其制品业	1.2397	1.2172	1.2261
20	木材加工及木、竹、藤、棕、草制品业	1.2436	1.2616	1.2542
21	家具制造业	1.3208	1.2945	1.3117
22	造纸及纸制品业	1.3836	1.363	1.3972
23	印刷业和记录媒介的复制	1.1733	1.2092	1.2563
24	文教体育用品制造业	1.2612	1.24	1.2895
25	石油加工、炼焦及核燃料加工业	1.4271	1.4855	1.4679
26	化学原料及化学制品制造业	1.3626	1.3647	1.3738
27	医药制造业	1.1476	1.1476	1.1476
28	化学纤维制造业	1.5807	1.6041	1.5708
29	橡胶制品业	1.2207	1.244	1.269
30	塑料制品业	1.4134	1.3801	1.4132
31	非金属矿物制品业	1.1613	1.1819	1.202
32	黑色金属冶炼及压延加工业	1.5115	1.4897	1.5364
33	有色金属冶炼及压延加工业	1.5382	1.5337	1.5549
34	金属制品业	1.3483	1.3405	1.3502

行业代码	行业名称	2005 年	2006 年	2007 年
35	通用设备制造业	1.2650	1.2632	1.3098
36	专用设备制造业	1.2195	1.2269	1.2517
37	交通运输设备制造业	1.3355	1.3355	1.3355
39	电气机械及器材制造业	1.3735	1.3773	1.4035
40	通信设备、计算机及其他电子设备	1.3395	1.3004	1.3201
41	仪器仪表及文化、办公用机械制造业	1.2464	1.2414	1.2559

资料来源：笔者根据中国工业企业数据测算得到。

附表 5-1　部分二分位行业进口关税均值

行业代码	行业名称	1999 年	2001 年
13	农副食品加工业	26.8428	26.13981
14	食品制造业	26.9974	24.6544
15	饮料制造业	46.18056	42.66038
16	烟草制品业	54.5	45.77778
17	纺织业	24.32988	21.06073
18	纺织服装、鞋、帽制造业	30.15546	24.03871
19	皮革、毛皮、羽毛（绒）及其制品业	18.02976	16.83959
20	木材加工及木、竹、藤、棕、草制品业	11.69901	11.11891
21	家具制造业	22	20.81818
22	造纸及纸制品业	16.11984	14.84006
23	印刷业和记录媒介的复制	9.849722	8.822222
24	文教体育用品制造业	17.52394	17.07204
25	石油加工、炼焦及核燃料加工业	7.205152	6.805714
26	化学原料及化学制品制造业	11.47795	10.43607
27	医药制造业	10.76037	9.889462
28	化学纤维制造业	16.1551	14.68367
29	橡胶制品业	17.19965	16.73488
30	塑料制品业	17.72642	16.48113
31	非金属矿物制品业	15.89339	15.19396
32	黑色金属冶炼及压延加工业	9.166667	8.284593

续表

行业代码	行业名称	1999 年	2001 年
33	有色金属冶炼及压延加工业	6.781579	5.704469
34	金属制品业	13.71295	12.79241
35	通用设备制造业	14.09512	13.75912
36	专用设备制造业	13.11817	12.60534
37	交通运输设备制造业	27.92949	24.06012
39	电气机械及器材制造业	18.40347	17.85405
40	通信设备、计算机及其他电子设备	17.12752	17.47569
41	仪器仪表及文化、办公用机械制造业	15.06181	14.24683

行业代码	行业名称	2003 年	2005 年
13	农副食品加工业	18.01194	16.1725
14	食品制造业	17.6416	15.1752
15	饮料制造业	28.29057	22.41296
16	烟草制品业	30.16667	25.66667
17	纺织业	14.27872	10.35413
18	纺织服装、鞋、帽制造业	19.7917	16.53963
19	皮革、毛皮、羽毛（绒）及其制品业	14.15128	13.58205
20	木材加工及木、竹、藤、棕、草制品业	6.539474	5.3
21	家具制造业	9.504545	3.463636
22	造纸及纸制品业	7.989431	5.748781
23	印刷业和记录媒介的复制	4.922222	3.738889
24	文教体育用品制造业	14.0129	12.3957
25	石油加工、炼焦及核燃料加工业	5.722222	5.555555
26	化学原料及化学制品制造业	7.770247	7.235849
27	医药制造业	6.364516	6.247742
28	化学纤维制造业	7.391837	4.969388
29	橡胶制品业	13.95698	13.51395
30	塑料制品业	10.71321	9.288679
31	非金属矿物制品业	12.2044	11.55549
32	黑色金属冶炼及压延加工业	5.52093	5.35
33	有色金属冶炼及压延加工业	4.797207	4.761453
34	金属制品业	10.81116	10.63839

行业代码	行业名称	2003 年	2005 年
35	通用设备制造业	9.203157	8.657544
36	专用设备制造业	7.86573	7.468539
37	交通运输设备制造业	15.96012	13.35595
39	电气机械及器材制造业	12.71048	11.92809
40	通信设备、计算机及其他电子设备	9.428473	8.420834
41	仪器仪表及文化、办公用机械制造业	9.502439	8.89561

资料来源：笔者根据 WTO 和世界银行中国关税数据计算得到，单位为百分比。

附表 6-1　1999~2002 年二分位行业进口关税减让比率

行业代码	行业名称	关税减让比率
13	农副食品加工业	-0.26539
14	食品制造业	-0.27033
15	饮料制造业	-0.29677
16	烟草制品业	-0.35005
17	纺织业	-0.30574
18	纺织服装、鞋、帽制造业	-0.27502
19	皮革、毛皮、羽毛（绒）及其制品业	-0.1844
20	木材加工及木、竹、藤、棕、草制品业	-0.35037
21	家具制造业	-0.42417
22	造纸及纸制品业	-0.3979
23	印刷业和记录媒介的复制	-0.3962
24	文教体育用品制造业	-0.14648
25	石油加工、炼焦及核燃料加工业	-0.20774
26	化学原料及化学制品制造业	-0.29008
27	医药制造业	-0.37812
28	化学纤维制造业	-0.3949
29	橡胶制品业	-0.16433
30	塑料制品业	-0.32491
31	非金属矿物制品业	-0.2021
32	黑色金属冶炼及压延加工业	-0.3641

行业代码	行业名称	关税减让比率
33	有色金属冶炼及压延加工业	−0.2796
34	金属制品业	−0.19273
35	通用设备制造业	−0.29233
36	专用设备制造业	−0.34166
37	交通运输设备制造业	−0.35974
39	电气机械及器材制造业	−0.25757
40	通信设备、计算机及其他电子设备	−0.37548
41	仪器仪表及文化、办公用机械制造业	−0.30993

附表6-2 以中位数为进口关税减让门槛下的受冲击行业

行业代码	行业名称	是否受冲击
13	农副食品加工业	0
14	食品制造业	0
15	饮料制造业	0
16	烟草制品业	1
17	纺织业	1
18	纺织服装、鞋、帽制造业	0
19	皮革、毛皮、羽毛（绒）及其制品业	0
20	木材加工及木、竹、藤、棕、草制品业	1
21	家具制造业	1
22	造纸及纸制品业	1
23	印刷业和记录媒介的复制	1
24	文教体育用品制造业	0
25	石油加工、炼焦及核燃料加工业	0
26	化学原料及化学制品制造业	0
27	医药制造业	1
28	化学纤维制造业	1
29	橡胶制品业	0
30	塑料制品业	1
31	非金属矿物制品业	0

续表

行业代码	行业名称	是否受冲击
32	黑色金属冶炼及压延加工业	1
33	有色金属冶炼及压延加工业	0
34	金属制品业	0
35	通用设备制造业	0
36	专用设备制造业	1
37	交通运输设备制造业	1
39	电气机械及器材制造业	0
40	通信设备、计算机及其他电子设备	1
41	仪器仪表及文化、办公用机械制造业	1

说明：是否受冲击中，1 代表为受冲击，0 代表为未受冲击。

附表 6-3　以 33% 为进口关税减让门槛下的受冲击行业

行业代码	行业名称	是否受冲击
13	农副食品加工业	0
14	食品制造业	0
15	饮料制造业	0
16	烟草制品业	1
17	纺织业	0
18	纺织服装、鞋、帽制造业	0
19	皮革、毛皮、羽毛（绒）及其制品业	0
20	木材加工及木、竹、藤、棕、草制品业	1
21	家具制造业	1
22	造纸及纸制品业	1
23	印刷业和记录媒介的复制	1
24	文教体育用品制造业	0
25	石油加工、炼焦及核燃料加工业	0
26	化学原料及化学制品制造业	0
27	医药制造业	1
28	化学纤维制造业	1
29	橡胶制品业	0

续表

行业代码	行业名称	是否受冲击
30	塑料制品业	0
31	非金属矿物制品业	0
32	黑色金属冶炼及压延加工业	1
33	有色金属冶炼及压延加工业	0
34	金属制品业	0
35	通用设备制造业	0
36	专用设备制造业	1
37	交通运输设备制造业	1
39	电气机械及器材制造业	0
40	通信设备、计算机及其他电子设备	1
41	仪器仪表及文化、办公用机械制造业	0

注：括号中值为 t 统计量；"＊＊＊""＊＊""＊"分别表示在1%、5%和10%的水平上显著；各模型均控制了企业对应的年份、地区和产业固定效应。

后　记

本书以我的博士学位论文为基础，经过多次修改完成。回顾在南京大学的求学生涯，想到更多的是南京大学给予了我许多，培养我成长，开阔我的眼界，提高我的学术素养。记不清多少个清晨，我偏爱绕道走远，徜徉在南大校园，走过伟岸的北大楼，感受百年校园的书香气息和文化积淀，不禁备受鼓舞，也暗自决心做出一些成绩。但学习的生活总是漫长和苦闷的，是商院学院老师及同学们的帮助和关爱，也让我逐渐找到了研究的方向，把握住了学术灵感，度过了一段最为艰难的时间。

师恩如山，首先应当感谢的是我尊敬的导师谢建国教授，在学术方面和生活方面，谢老师都给予了我莫大的帮助。谢老师为人宽厚，对待学生和蔼可亲，对待学术的严谨，以及时刻为学生着想的处事之道深深地感动了我。曾记得，刚入校的时候，谢老师总是不厌其烦地通过每周学术论文的探讨，帮助我逐渐掌握了学术研究的规范方法，了解了学术的前沿发展状况。在我第一篇学术论文写作遇到瓶颈时，他又不停地鼓励我、提醒我，一定要先写出论文全文，再进行下一步的修改，告诉我好的论文肯定是改出来的，谢老师的教诲让我逐步丢弃了论文写作不良的习惯，顺利地完成了论文的初稿。接下来，在学术论文无休止的修改过程中，谢老师一次又一次和我耐心地讨论论文中存在的种种问题，与此同时，又耐心阅读论文并指出我论文中存在的细节错误，显著提升了我论文写作的规范性以及论文的学术水平。尤其令人记忆深刻的是，在一篇论文的投稿过程中，由于我的疏忽大意，没有对审稿人提出的问题严格重视，应付公事一般就将对审稿人的回复匆匆写完，并在睡觉前发给了老师，谢老师看到之后，极为担心，甚至一夜都未能入眠，至今想来仍然自责不已。这件事件势必将一直激励我，一定要在学术研究中保持严谨的态度。谢老师对我的悉心指导和帮助，必将让我在未来的学术研究中终身受益。

还要感谢商学院国贸系的每一位老师对我学术上的悉心指导和帮助。张二震老师对国际贸易领域最新发展的评判，让我重新审视和领悟了新新贸易理论的贡献和不足，特别地，张二震老师在我学术论文开题后，将他拥有的和我论文方向有关的资料特意发于我，对于正在焦虑可参考文献过少的我，这些资料犹如久旱逢甘雨一般，现在回想起来仍然十分感动，同时不免惴惴不安，担心自己论文的写作高度辜负了张老师的期望。刘厚俊老师对货币发展历程的讲解和对未来货币发展的预期，让我更深层次地理解了货币的意义，尤其刘老师在论文开题和预答辩过程中对论文谋篇布局的设定以及着眼于大处的眼界让我钦佩不已。于津平老师对理论模型的执着专研，让我不禁膜拜，在国际贸易前沿课程中，于老师对论文理论模型的每一步推导，每一步的经济学含义的细致讲解，都让我逐渐拥有了更大的信心来啃读每一篇理论文献，让我成为在那一课堂中受益最多的学生。黄繁华老师对服务贸易及各国经济发展脉络的把握让我记忆深刻，让我对各国经济的发展有了重新审视的机会。赵曙东老师对国际经济学理论了然于心，对国际经济学模型每一处细节的精确解读让我受益匪浅。同时感谢国贸系马野青老师、安礼伟老师、柴忠东老师的热情帮助，让我可以更安心地完成毕业论文，而不必分心其他。感谢预答辩过程中，刘厚俊老师、于津平老师、马野青老师、黄繁华老师以及梁琦老师给予的极具学术引导力的修改建议。

还需要感谢我的博士同学们和同门师兄弟姐妹是他们给予我的帮助及生活上的照顾。

　　最后，特别感谢我的家人，是他们的无私关爱和默默付出，让我有更多的精力投身于学术研究中。